REFORMA E CONTRARREFORMA

COLEÇÃO HISTÓRIA NA UNIVERSIDADE – TEMAS

Coordenação
Jaime Pinsky e Carla Bassanezi Pinsky

Conselho
João Paulo Pimenta
Marcos Napolitano
Maria Ligia Prado
Pedro Paulo Funari

CIVILIZAÇÕES PRÉ-COLOMBIANAS • Alexandre Guida Navarro
ESTADOS UNIDOS NO SÉCULO XX • Flávio Limoncic
IMPERIALISMO • João Fábio Bertonha
INDEPENDÊNCIA DO BRASIL • João Paulo Pimenta
JUVENTUDE E CONTRACULTURA • Marcos Napolitano
PRÉ-HISTÓRIA DO BRASIL • Pedro Paulo Funari e Francisco Silva Noelli
REFORMA E CONTRARREFORMA • Rui Luis Rodrigues
RENASCIMENTO • Nicolau Sevcenko
REVOLUÇÃO FRANCESA • Daniel Gomes de Carvalho
ROTA DA SEDA • Otávio Luiz Pinto
SEGUNDA GUERRA MUNDIAL • Francisco Cesar Ferraz
UNIÃO SOVIÉTICA • Daniel Aarão Reis

Consulte nosso catálogo completo e últimos lançamentos em **www.editoracontexto.com.br**.

Rui Luis Rodrigues

REFORMA E CONTRARREFORMA

HISTÓRIA NA UNIVERSIDADE – TEMAS

editora**contexto**

Foto de capa
Massacre de São Bartolomeu, óleo sobre tela de François Dubois

Montagem de capa e diagramação
Gustavo S. Vilas Boas

Coordenação de textos
Carla Bassanezi Pinsky

Preparação de textos
Lilian Aquino

Revisão
Mariana Carvalho Teixeira

Dados Internacionais de Catalogação na Publicação (CIP)

Rodrigues, Rui Luis
Reforma e contrarreforma / Rui Luis Rodrigues. –
São Paulo : Contexto, 2024.
160 p. : il. (Coleção História na Universidade : Temas)

Bibliografia
ISBN 978-65-5541-529-2

1. Igreja Católica – História 2. Reforma protestante
3. Contrarreforma I. Título

24-3787   CDD 940.23

Angélica Ilacqua – Bibliotecária – CRB-8/7057

Índice para catálogo sistemático:
1. Igreja Católica – História

2024

Editora Contexto
Diretor editorial: *Jaime Pinsky*

Rua Dr. José Elias, 520 – Alto da Lapa
05083-030 – São Paulo – SP
PABX: (11) 3832 5838
contato@editoracontexto.com.br
www.editoracontexto.com.br

 # Sumário

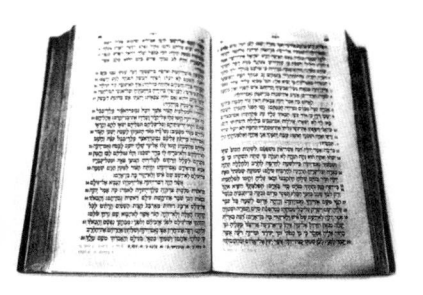

Introdução

Um passeio pelas grandes cidades de nossos dias nos coloca em contato com a extraordinária diversidade religiosa existente no interior do cristianismo. Catedrais, pequenas capelas, salões comerciais com portas de correr em cujo interior há algumas fileiras de cadeiras e um púlpito, locais de culto que se parecem com grandes *shopping centers* e conjugam, ao espaço de adoração, instalações educacionais, obras assistenciais e praças de alimentação. Esses são apenas alguns lugares associados à religião cristã que o olhar do observador é capaz de perceber.

Tal proliferação de espaços relacionados ao culto cristão parece indicar a importância dessa religião em nossos dias. No entanto, ao longo do século XX falou-se muito sobre o fim da religião cristã no mundo ocidental. Na Europa, a frequência nas cerimônias religiosas caiu de maneira assombrosa; templos foram vendidos, alguns continuaram apenas como locais de realização de concertos de música clássica. Seria isso uma manifestação do "desencantamento do mundo" (*Entzauberung der Welt*) mencionado por Max Weber como uma das características da modernidade ocidental? O Ocidente teria realmente se tornado "pós-cristão"?

Contudo, enquanto na Europa e na América do Norte igrejas católicas e protestantes foram fechadas, ou permanecem quase sem frequentadores, outras denominações abriram suas portas. Passeando numa tarde de sábado em Paris, no Champs de Mars, é possível ver um grupo animado de jovens entoando mensagens cristãs em melodia contemporânea, envolvente; é possível escutar a pregação feita por um jovem de origem africana, sua figura alta e esbelta em pé, recortada contra o céu azul de uma tarde clara de outono, enquanto dezenas de pessoas sentadas ao redor, diretamente sobre o gramado, acompanham o sermão com interesse. Trata-se de um dos vários grupos evangélicos que experimentam crescimento acelerado em plena capital da França. É verdade que boa parte dos ouvintes desse grupo, a começar pelo pregador, são imigrantes oriundos das antigas possessões coloniais francesas. Nas regiões do "sul global", o cristianismo tem crescido de forma intensa nas últimas décadas. Dali veio boa parte do total de 1,5 milhão de jovens que se reuniram em Lisboa, em agosto de 2023, para a Jornada Mundial da Juventude, o maior evento da Igreja Católica Romana em nossos dias.

Não houve, portanto, erradicação da fé cristã. O fenômeno da revivescência religiosa, de fato, ultrapassa as fronteiras do cristianismo. Desde o final dos anos 1960, o interesse pelo oculto e pelo esotérico voltou a se afirmar, em meio à sociedade materialista do Ocidente. Parte não pequena da intelectualidade ocidental, em sua maioria rompida com o cristianismo, passou a ver com bons olhos as religiões do Extremo Oriente como o hinduísmo e as várias correntes do budismo. Em plena Europa ocidental, o islamismo tornou-se uma das religiões mais praticadas.

A rigor, a própria religião cristã sempre foi marcada pela diversidade. Ao longo do primeiro milênio de sua existência, essa diversidade pode ser percebida nas diferenças litúrgicas e doutrinárias entre o cristianismo latino e o bizantino, ou nas distintas práticas eclesiais de igrejas como as da Etiópia e do sul da Índia.

Mesmo com toda essa expressiva diversidade, a divisão experimentada pela Cristandade latina a partir do século XVI foi um fenômeno de consequências imensas. Deixou um saldo negativo de violência e intolerância, ao mesmo tempo em que, através de instituições como as Inquisições e outros aparatos de controle, ajudou a desenvolver dinâmicas de disciplinamento social típicas da Época Moderna. Esse cenário de controle onipresente da religião seria modificado apenas de forma muito lenta. Num texto publicado em 1734, o filósofo francês François-Marie Arouet, conhecido como Voltaire (1694-1778), referiu-se à Bolsa de Valores de Londres como o lugar onde "o presbiteriano confia no anabatista e o anglicano aceita a promessa do quacre". A frase de Voltaire sintetiza os resultados de um percurso histórico longo e complexo. No século XVIII, para as sociedades ocidentais, a religião estava se tornando matéria de consciência individual, de "foro íntimo"; adeptos de credos protestantes diferentes podiam encontrar-se para negociar na Bolsa, embora continuassem a considerar uns aos outros candidatos ao fogo do inferno. Apenas um século antes dessa frase, no entanto, tal convivência seria difícil: anabatistas e quacres ainda eram perseguidos, puritanos eram alijados do ministério pastoral pelos bispos anglicanos e, no coração da Europa, entre 1618 e 1648, um conjunto de guerras que ficou conhecido como Guerra dos Trinta Anos travou-se entre protestantes e católicos.

As reformas religiosas do século XVI trouxeram à diversidade já presente na religião cristã um incremento expressivo. Os saldos não foram apenas negativos. Num contexto em que o culto da Igreja Católica Romana tornara-se rígido, pronunciado num idioma àquela altura já incompreensível para a maioria dos habitantes do continente europeu, foram esses movimentos de reforma que colocaram a liturgia e a Bíblia no vernáculo. A Igreja Católica reagiu a eles sublinhando a importância da continuidade: a missa continuaria em latim e a Bíblia deveria ser lida apenas na tradução autorizada, a *Vulgata* de São Jerônimo (?-420). Somente no século XX, com o Concílio do Vaticano II (1962-1965), a Igreja Católica aprenderia a lição oferecida mais de 400 anos antes pelos protestantes, colocando seu culto nas línguas dos povos que o praticavam.

O objetivo deste livro é oferecer uma visão de conjunto das reformas religiosas do século XVI. Como acontece em qualquer texto de síntese histórica, foi preciso ser seletivo e efetuar recortes em favor do tipo de visão abrangente que a síntese permite.

Devemos ser críticos da antiga noção ciceroniana de *historia magistra vitae* ("a História mestra da vida"), já que quase nunca o ser humano aprende com o passado; todavia, a compreensão do que ocorreu pode nos ajudar a entender melhor o mundo que temos diante de nossos olhos. "De onde veio tanta diversidade? Não são todos cristãos?", pergunta-se o caminhante que percorre as ruas de alguma de nossas grandes cidades. A leitura deste livro fornece algumas respostas.

Quando se levanta o assunto das reformas religiosas do século XVI e vêm à tona os nomes de seus principais personagens – nomes europeus –, é quase inevitável que se pergunte: "Mas esse não é um tema eurocêntrico?" No texto que se segue, pouco se trata de acontecimentos ocorridos fora da Europa geográfica, o que torna a suspeita ainda maior. Na verdade, nenhum tema é eurocêntrico; eurocêntrico pode ser o olhar que se lança sobre qualquer tema. No entanto, para nossos objetivos, o que interessa é frisar que a experiência do nosso caminhante pelas ruas de São Paulo, Paris, Luanda, Seul ou Bangkok já deveria constituir uma resposta. A Época Moderna, período no qual se deram os fenômenos de que trata este livro, foi marcada, no dizer do historiador Serge Gruzinski, por intensos contatos entre as "quatro partes do mundo" (África, América, Ásia e Europa; a Oceania chegaria depois); ao falar das reformas religiosas do século XVI, portanto, estamos falando de fenômenos que tiveram ressonâncias globais. Se alguém duvida, o pequeno relato a seguir pode ser útil.

A mais antiga tradução da Bíblia para o idioma português foi elaborada em Djakarta, na ilha de Java (Indonésia), na segunda metade do século XVII. Seu autor era um clérigo da Igreja Reformada Holandesa, o português João Ferreira de Almeida (1628-1691). Àquela altura, Djakarta chamava-se Batávia, por se encontrar bem no centro dos interesses da expansão comercial neerlandesa nas terras asiáticas. Católico de nascimento, Almeida provavelmente se dirigiu à Ásia com intenção de se consagrar à obra missionária; já por várias décadas os portugueses se serviam de seus tratos comerciais na região para patrocinar o avanço das missões jesuíticas. No entanto, após ler um tratado que fazia críticas à Igreja Católica e cujo título era *Differença d'a Christandade*, Almeida converteu-se à fé reformada. Após concluir seus estudos teológicos, foi ordenado como pastor reformado em 1656 pelo presbitério de Málaca.

Um português em Java, ministro de uma igreja protestante de origem neerlandesa, traduzindo a Bíblia para um idioma, o português, que se tornara pelas artes do comércio a língua franca do sudoeste asiático. Não poderíamos ter uma ilustração mais clara do que foi essa impressionante "mundialização" ocorrida na Época Moderna e para a qual o comércio teve importância crucial. Mas o que encontramos no centro desse episódio cuja vinculação com uma lógica global é tão evidente? Encontramos a Bíblia, documento fundamental de toda a Cristandade, e uma expressão da fé cristã elaborada na Europa, no cadinho das impressionantes tensões que caracterizaram as reformas religiosas do século XVI. Nosso tema é, portanto, um tema global, cujas ressonâncias alcançam os nossos dias e certamente as nossas vidas.

Compreender as reformas religiosas do século XVI

A VONTADE DE CRER

As reformas religiosas do século XVI continuam despertando inquietações e curiosidade. Um obscuro monge agostiniano, professor numa universidade de pouca expressão, preparou algumas notas para um debate acadêmico que nunca se realizou; por que essas notas, divulgadas a partir de 31 de outubro de 1517, causaram tanta celeuma? Apenas alguns meses após sua elaboração, as proposições desse monge se difundiriam nos territórios germânicos e seriam objeto de refutações. Em março de 1518, o humanista Erasmo de Rotterdam (1466-1536) já as tinha lido e, preocupado, as enviara a um amigo inglês, o também humanista Thomas More (1478-1535). Por que esse texto – as *Noventa e cinco teses* do doutor em Teologia Martinho Lutero – causou tanto impacto?

Do que tratavam essas teses? Elas perguntavam sobre a verdadeira natureza do arrependimento; inquiriam se a dispensa do Purgatório poderia ser obtida pela compra de um documento cujo "lastro" seria as reservas de graça divina entesouradas pela Igreja, ou se era necessário que "toda a vida do cristão fosse de arrependimento" (como enunciava a primeira *Tese*). Para compreender a importância da questão, é preciso ter em mente que tempos eram aqueles.

Na Europa dos séculos XIV, XV e XVI, a preocupação religiosa estava presente em todos os momentos e relacionava-se com todos os aspectos da vida. A religião cristã ritmava o tempo, dos toques dos sinos que dividiam as horas do dia às grandes festas que organizavam o ano. Ela fazia com que o europeu soubesse exatamente quem era: um cristão. Nessa condição ele tendia a ver o outro, o não cristão, como um infiel, no caso do muçulmano, como alguém incapaz de reconhecer o Messias aguardado, no caso de um judeu, como um bárbaro ou selvagem, no caso de um pagão. Como comportar-se no cotidiano, onde abrigar-se das lutas e dificuldades da vida, o que fazer com a consciência culpada, o que esperar em relação ao futuro: todas essas questões recebiam, naqueles dias, respostas religiosas.

No dizer do historiador francês Lucien Febvre (1878-1956), esse foi um tempo marcado pela "vontade de crer". A religião cristã funcionava como lente através da qual a sociedade europeia enxergava a realidade. Como tudo era lido em chave religiosa, qualquer questionamento que envolvesse a religião tocava nas próprias condições de compreensibilidade do mundo e também nas bases que definiam as relações sociais.

Essa perspectiva, que dava centralidade à religião, não teve origem meramente no predomínio de uma instituição (a Igreja Católica), nem pode ser atribuída apenas a estratégias de dominação por parte de elites econômicas ou políticas. Foi um fenômeno bem mais complexo. Ao longo dos mil anos que antecederam o protesto luterano, construiu-se lentamente na Europa uma formidável estrutura ideológica que combinava a herança da república romana – em especial, seu apelo universalista – com a religião cristã. Um atestado de nascimento literário para essa construção pode ser encontrado na imponente obra *A Cidade de Deus*, escrita entre os anos de 413 e 426 pelo bispo Agostinho de Hipona (354-430). Se quisermos uma frase lapidar a defini-la, vamos encontrá-la no apelo dirigido pelo papa Gregório Magno (pontífice entre 590 e 604) aos bárbaros de seu tempo para que se tornassem parte da *sancta respublica* (a "santa república").

Para os antigos romanos, o que devia ser universalizado, ou seja, o que devia ser transmitido a todos os povos por eles conquistados, era o respeito aos valores cívico-políticos da sua república. Eles não tiveram muita dificuldade em realizar isso em toda a extensão de seus domínios, chamados por eles *orbis terrarum romanorum* ("círculo das terras dos romanos"; a palavra latina *orbis*, "círculo", "esfera", também significa *mundo*). Desde que as populações dessas terras prestassem os devidos respeitos aos símbolos romanos, para os senhores desse Império não havia problema se tais povos continuassem a reverenciar seus deuses tradicionais e a manter costumes que não conflitassem com as leis romanas. Tratava-se da *varietas rerum*, a "variedade das coisas" existentes no mundo, algo que os romanos entendiam, inclusive, como necessário.

De forma contrastante, para a nova construção intelectual que se desenhraria ao longo da Antiguidade tardia como resultado da mescla entre a ideia romana de *respublica* e a religião cristã, o aparato universalizante deveria ser colocado a serviço desta última. Era essa religião, e não o mero respeito às tradições cívicas, que deveria ocupar o centro dessa ideologia. Isso se explica pelo fato de que era essencial ao cristianismo uma concepção de *verdade* desconhecida dos romanos. Para os cristãos, as cerimônias cívicas romanas, com queima de incenso perante os símbolos do poder imperial, representavam a própria negação da fé. Para a pergunta atormentada de Pilatos, registrada no Evangelho segundo João, "Que é a verdade?", a resposta de Jesus Cristo foi apenas uma: "Todo aquele que é da verdade ouve a minha voz" (João 19:37-38).

No intervalo de mil anos que medeia entre a época de Agostinho e a divulgação das teses de Lutero, essa soberba construção ideológica ganhou corpo a ponto de constituir a compreensão que as sociedades europeias tinham de si.

A palavra "Europa" era de pouco uso, nunca empregada fora de seu sentido geográfico. Alguém nascido em qualquer região da Europa não se compreendia como "europeu"; ele se compreendia como pertencente ao seu torrão natal – na maioria das vezes, a própria aldeia na qual havia nascido – e como parte da *respublica christiana*, a "república cristã". *Christianitas*, que pode ser traduzido como "Cristandade", era um termo sinônimo. O antigo *orbis terrarum romanorum* era, agora, *orbis christianum* (o "círculo [ou *mundo*] cristão").

Através de suas teses provocadoras, Lutero não colocou em dúvida a fé cristã. Sua concepção de mundo era tão religiosa quanto aquela defendida por seus opositores. Nenhum dos envolvidos nos embates religiosos do século XVI duvidou da centralidade da religião cristã ou colocou em discussão a estrutura ideológica da *respublica christiana*. O problema levantado era outro: a religião, na forma como vinha sendo vivida e praticada naqueles dias, continuava expressando a pureza da fé cristã originária?

Em janeiro de 1535, seis súditos do rei da França – entre eles um importante mercador e um impressor – foram condenados à morte e queimados na fogueira. Esses homens estiveram envolvidos na impressão e difusão de cartazes que atacavam a doutrina católica da transubstanciação, segundo a qual o pão e o vinho da Eucaristia tornam-se literalmente o corpo e o sangue de Jesus Cristo. Os cartazes haviam sido afixados em várias ruas de Paris e de outras cidades francesas (Blois, Rouen, Tours e Orléans) na noite de 17 para 18 de outubro de 1534; um deles chegou a ser pregado na porta da câmara real de Francisco I no castelo de Amboise. Como cabeçalho, os cartazes traziam a seguinte frase: "Artigos verdadeiros sobre os horríveis, grandes e inoportunos abusos da missa papal, inventados diretamente contra a Santa Ceia de nosso Senhor, único Mediador e único Salvador, Jesus Cristo". O que estava em jogo, para os autores desse cartaz? A pureza da fé; saber se a Missa católica espelhava ou não a Ceia instituída por Jesus Cristo. Para seus idealizadores, a importância da questão justificava o caráter temerário da empreitada; para seus juízes, a dúvida sobre a natureza da Eucaristia correspondia a um duplo crime de lesa-majestade: ofendia-se a Majestade divina com a dúvida sobre o sacramento e ofendia-se a majestade do rei ao se questionar a religião que ele praticava.

PARAÍSOS PERDIDOS

Essa obsessão pela pureza da fé não era uma novidade. Vamos encontrá-la ao longo do período medieval, associada a diversos grupos tidos como "heréticos". Mas esse ideal de uma fé pura em seus primórdios e a consequente suspeita de que alguma forma de corrupção poderia tê-la vitimado não eram restritos a movimentos ou indivíduos que, de uma forma ou de outra, se afastaram do que era considerado como ortodoxia geral da Igreja. Vamos encontrá-lo no monaquismo, esse hábito de afastamento dos cristãos zelosos para o deserto que, nos séculos III e IV, surgiu na Síria e no Egito como crítica a uma Igreja que teria esfriado em sua devoção a Deus. Vamos encontrá-lo, também, nos diferentes movimentos de renovação experimentados pela Cristandade latina ao longo do período medieval. Nas reformas propostas pelo papa Gregório VII (pontífice de 1073 a 1085), nas reformas monásticas de Cluny (a partir do século X) e de Cîteaux (Cister) (século XI), na fundação da ordem franciscana (século XIII), na difusão impressionante da *devotio moderna*, ou "moderna devoção", nos Países Baixos a partir da segunda metade do século XIV, encontramos sempre presente o mesmo desejo de regresso a um "paraíso perdido", a um tempo no qual a fé era mais pura e mais viva.

Levar isso em consideração é essencial porque, se desejamos compreender as reformas religiosas do século XVI, precisamos começar pela percepção de que o termo "reforma" não surgiu com Lutero. Literalmente, "reformar" é reconstituir uma forma perdida; na língua latina, o termo paralelo a *reformatio* seria *renovatio*, "renovação". Como denominador comum, portanto, vamos encontrar em todos os movimentos de reforma do cristianismo um fermento crítico cuja presença significa tanto insatisfação com o presente como esperança de recuperação do passado.

Quando levamos em conta a situação específica do século XVI, todavia, há outro elemento que precisa ser considerado. A essa permanência reiterada de um velho anseio, os novos tempos agregaram um diferencial, trazido pelo trabalho dos humanistas.

Quando Lutero preparou suas teses, o movimento humanista estava perto de completar 200 anos. Nesse esforço por recuperar o brilho da literatura da Antiguidade grega e latina, os humanistas desenvolveram importantes ferramentas intelectuais. A filologia foi uma delas. Segundo eles, o latim medieval fora corrompido por numerosos "barbarismos", cometidos pelos povos não romanos agregados ao Império. Era preciso recuperar a língua latina, devolver-lhe a pureza, cadência e majestade dos tempos áureos de Cícero e de Virgílio. Era preciso, também, reaprender o idioma grego e, através dele, obter acesso às grandes obras dos filósofos, historiadores e poetas helênicos. Em ambos os casos, a filologia se colocava como recurso imprescindível. Estimava-se que muitos textos latinos e gregos haviam sido copiados incorretamente ao longo do período medieval; era com base em critérios filológicos que os humanistas pretendiam determinar quais manuscritos desses grandes textos da Antiguidade eram mais confiáveis. Nesse processo, a própria busca por manuscritos nas bibliotecas de diferentes mosteiros se intensificou e levou à descoberta de obras dadas como perdidas.

A filologia tinha ainda outras aplicações. Em meados do século XV, o humanista Lorenzo Valla (1407-1457) escreveu um diálogo no qual, servindo-se de critérios filológicos, demonstrou que um documento medieval, a famosa "Doação de Constantino", pela qual o imperador romano teria consignado ao bispo de Roma o controle da porção ocidental do Império, era falso. Tido como do século IV, o texto possuía sinais inconfundíveis de ter sido escrito não antes do século VIII. Como Valla fez isso? Servindo-se dos critérios filológicos de crítica interna e externa; demonstrando que determinados vocábulos empregados no texto não poderiam ter o sentido que lhes era atribuído ali, uma vez que, no século IV, não eram empregados com aqueles significados. Os testemunhos literários coetâneos eram imprescindíveis para se operar tais verificações. Um trabalho cansativo, meticuloso; um trabalho para aqueles que "amavam a palavra": esse era o significado etimológico, aliás, da palavra grega *philologos*, a qual, com o sentido de "douto, erudito", os humanistas apreciavam aplicar a si mesmos.

O que os recursos e as possibilidades da filologia têm a ver com a ideia de recuperação da pureza original da fé cristã? A filologia forneceu a esse anseio uma grande base empírica. Antes do advento da crítica filológica, a noção de que a fé se corrompera permanecia como uma suspeita que invocava, aqui e ali, alguns apoios concretos: a mornidão espiritual dos cristãos do presente, em contraste com a fé pujante dos mártires do passado; o luxo e a ostentação da Igreja coeva, em contraste com a pobreza evangélica dos tempos apostólicos. A essas opiniões, a filologia se mostrou capaz de agregar evidências. Lorenzo Valla aplicou ao texto bíblico do Novo Testamento o mesmo tratamento filológico que dera à suposta Doação de Constantino. Valla comparou manuscritos gregos do Novo Testamento então disponíveis e chegou a um texto consolidado, apontando as divergências e os erros de transcrição. Todavia, não publicou esse trabalho; em meados do século XV, fazer a transposição dos conhecimentos filológicos das letras seculares para as Escrituras sagradas ainda era algo capaz de despertar resistências.

O trabalho de Valla dormiu por meio século na biblioteca da abadia de Parc, próxima à cidade de Louvain, até o ano de 1505, quando Erasmo de Rotterdam encontrou-o e o fez publicar. Talvez o mais prolífico humanista da primeira metade do século XVI, Erasmo seguiu na senda de Valla: ampliou o número de manuscritos gregos do Novo Testamento em relação aos que seu antecessor havia examinado, estabeleceu nova consolidação do texto grego e, com base nele, corrigiu erros na tradução latina elaborada por são Jerônimo nos séculos IV-V (a *Vulgata*, versão considerada pela Igreja como autorizada). A esse trabalho, Erasmo acrescentou uma nova tradução do Novo Testamento para o latim. Essa é a substância do *Novum Instrumentum* ("Nova ferramenta"), nome que o humanista deu a essa edição do texto bíblico. Seu editor, Froben, da Basileia, publicou-a em 1516.

O próprio exercício básico do método filológico, a *collatio* ou "comparação" entre manuscritos diferentes, subentendia uma sensibilidade histórica aguçada. A mesma sensibilidade encontrava-se presente na confluência das críticas interna e externa, a pergunta pelo sentido de um vocábulo no interior de um texto e no contexto histórico ao qual aquele documento alegava pertencer.

A lição foi bem aprendida. Pertencente a uma segunda geração de reformadores, João Calvino (1509-1564) se valeu das mesmas armas – crítica filológica e perspectiva histórica – para sustentar sua tese de que o governo da Igreja, ao tempo do Novo Testamento, não era conduzido de forma episcopal, por bispos nomeados pelo papa, mas por presbíteros (anciãos) eleitos pela comunidade religiosa.

Crítica filológica em João Calvino

"Pois Lucas relata que Paulo e Barnabé constituíram presbíteros nas igrejas, mas assinala que isso foi feito por voto mediante o estender das mãos para votar (Atos 14:23). Logo, os dois os constituíam, mas toda a multidão, como era costume dos gregos nas eleições, com as mãos levantadas, indicava a quem queria. De modo semelhante, quando os historiadores romanos dizem que o cônsul instituía novos magistrados, isso não quer dizer outra coisa senão que ele recebia os votos e servia de moderador do povo no processo de eleição."

João Calvino, *Christianae Religionis Institutio* [1559], IV, iii, 15.

"E, promovendo-lhes, em cada igreja, a eleição de presbíteros, depois de orar com jejuns, os encomendaram ao Senhor em quem haviam crido."

Atos 14:23

Em Calvino, o uso da crítica filológica, ao estabelecer o sentido do termo grego que Lucas empregou no texto dos Atos, é imediatamente seguido por uma abordagem histórica, ao considerar como gregos e romanos elegiam seus magistrados. O texto de Atos dos Apóstolos, em si mesmo, não oferece maiores detalhes sobre o processo de eleição de presbíteros, certamente porque esses detalhes eram do conhecimento dos leitores da época. Para Calvino e seus contemporâneos humanistas, a ferramenta filológica "abria" o texto, permitindo, pelo esclarecimento vocabular e pelo contexto histórico, o acesso à cena reproduzida.

Tais argumentos, tornados possíveis pela aplicação dos princípios filológicos, trouxeram aos debates religiosos do século XVI um tom absolutamente novo. Graças à filologia, era possível fornecer evidências sobre a decadência sofrida pela Igreja. O que fora suspeita para numerosos grupos, ao longo de séculos, ganhava agora uma aura de certeza.

Quando Lutero ministrava seus cursos sobre as Cartas de Paulo aos Gálatas e aos Romanos na Universidade de Wittenberg, entre 1515 e 1516, fazia-o a partir da edição do Novo Testamento preparada por Lorenzo Valla e publicada por Erasmo. Retornar aos textos originais – no caso, o grego – era parte da aplicação dos critérios humanísticos ao próprio labor teológico. Se para os humanistas em geral a recuperação das línguas latina e grega era caminho para se chegar ao conhecimento perfeito das *bonae litterae*, as "belas letras" cultivadas pelos mestres da Antiguidade, para boa parte dos humanistas que se preocupavam com a religião cristã o exercício a ser praticado era o mesmo: retornar *ad fontes* ("às fontes") da fé, a saber, ao texto bíblico direto, ao invés de depender dos comentaristas medievais, e aos escritores cristãos dos primeiros séculos, considerados mais puros em suas convicções por se encontrarem mais próximos do início da fé cristã. Humanistas e reformadores religiosos estavam, ao menos em princípio, comprometidos com a mesma atitude de busca por "paraísos perdidos".

AS LÓGICAS POLÍTICAS DA *RESPUBLICA CHRISTIANA*

Num mundo onde a religião era central, estar convencido da exatidão e pureza dessa religião era muito importante. De grande importância também, para que possamos compreender as ações e reações dos sujeitos históricos envolvidos nesses processos de reforma religiosa, é termos em mente algumas peculiaridades dessa construção ideológica chamada *respublica christiana*, sobretudo no âmbito político.

Entre essas peculiaridades, duas merecem destaque, já que vamos encontrá-las mais de uma vez ao longo deste livro. Em primeiro lugar, o uso predominante, para a descrição da sociedade, de uma metáfora organológica. Assim como o corpo humano é composto por muitos órgãos, também a sociedade era vista como composta por membros que se articulam em "órgãos" internos, verdadeiros corpos dentro do corpo maior da sociedade.

Essa metáfora é de origem romana; vamos encontrá-la em Tito Lívio (59 a.C. - 17 d.C.). Mas Paulo, o apóstolo cristão, judeu conhecedor das tradições romanas, aplicou-a à comunidade de fiéis, a Igreja (veja 1 Coríntios 12:12-27). Paulo transportou para o âmbito religioso uma figura oriunda da vida civil romana. Sua intenção não era referir-se à totalidade da sociedade, mas apenas à Igreja enquanto comunidade. Compreende-se, todavia, como, a partir desse vínculo de origem com uma determinada maneira de se compreender a existência social, a metáfora organológica encontrou seu lugar no bojo da *respublica christiana* para referir-se não apenas à comunidade dos fiéis, mas à totalidade do corpo social. É essa a construção que encontraremos nas obras de numerosos juristas medievais.

Para o pensamento medieval, e que continuou vigente ao longo dos primeiros séculos da Época Moderna, em que implicava essa concepção organológica da sociedade? Os diferentes corpos, existentes no interior do corpo social único, constituíam "totalidades" (*universitates*, em latim). Essas *universitates*, que incluíam organismos como cabidos catedralícios (comunidades de clérigos organizadas ao redor de um bispo), irmandades, ordens religiosas, magistraturas, guildas de comerciantes e corporações de ofícios, recebiam estatuto jurídico a partir do reconhecimento de sua utilidade para o bem comum. Esse reconhecimento jurídico subentendia obrigações, mas também implicava direitos e privilégios. Característico dessa forma de estruturação da sociedade era o fato de que ninguém cogitava que os mesmos direitos fossem extensíveis a todos. A própria metáfora organológica proibia isso, na medida em que às diferentes partes do corpo correspondiam diferentes funções e, portanto, direitos e privilégios distintos. A concessão desses direitos, aliás, obedecia a critérios que, pelos padrões atuais, seriam considerados arbitrários: tratava-se do exercício do *dom* ou *mercê* por parte de quem detinha o poder. Um príncipe podia, assim, conceder a uma cidade (e não a outras) o alívio de um imposto, ou o direito de erguer muralhas, ou de possuir um senado.

A existência desses múltiplos direitos, concedidos a diferentes corpos sociais, inseria o exercício do poder numa complicada trama jurídica. De forma recorrente, os textos políticos do período tardo-medieval, especialmente aqueles conhecidos como *espelhos de príncipes* (*specula principum*) e que consistiam em conselhos e advertências aos governantes, insistiam sobre os riscos de um príncipe que, tornando-se *tirano*, passasse a suprimir as "liberdades", ou seja, os direitos e privilégios adquiridos por seus súditos. A tirania, caracterizada pelo desrespeito a esses diferentes conjuntos de direitos, era vista como a própria antítese do bom governo.

A sociedade europeia de inícios da Época Moderna era, assim, uma sociedade de ordens (*ordines*) ou estamentos, na qual cada corpo político ocupava seu lugar, no amplo desenho de um rígido ordenamento social. A partir dessa moldura ideológica, podemos entender a realidade do Sacro Império, no qual Lutero vivia. Sob a autoridade do imperador, que era eleito para esse cargo por um colégio de sete príncipes-eleitores, estendia-se uma teia de principados, ducados, condados, baronatos e cidades livres (cidades que, em algum momento, obtiveram do próprio imperador o direito ao autogoverno). Todas essas instâncias, que incluíam tanto cidades de diferentes portes e voltadas a diversas ocupações, como extensos senhorios rurais, operavam a partir dos direitos e privilégios que possuíam, os quais precisavam ser levados em conta pelo imperador.

Dinâmica estrutural do Sacro Império Romano-Germânico

O Sacro Império Romano-Germânico abarcava, ao longo da Idade Média e da Época Moderna, regiões da Europa central hoje pertencentes a Alemanha, partes da República Tcheca, Áustria, Suíça, França e Itália. Caracterizava-se por uma complexa rede de jurisdições, representando uma diversidade de autoridades e instâncias administrativas. O termo "Sacro" vinculava-o à Cristandade latina, enquanto "Romano" evocava sua ligação com o legado do Império Romano e a adoção da lei romana em sua legislação. O adjetivo "Germânico" assinalava uma emergente noção de identidade cultural e política suprarregional.

Desde a promulgação da Bula Dourada de 1356, contava com sete principados dotados de prerrogativas eleitorais: o reino da Boêmia, o ducado da Saxônia, o condado do Palatinado e a marca de Brandemburgo compunham os chamados eleitorados "seculares"; já os arcebispados de Trier, Colônia e da Mogúncia (Mainz) eram chamados de "eleitorados espirituais". Encarregados da eleição de um novo imperador, esses sete príncipes-eleitores envolviam-se ativamente nos debates políticos que ocorriam nas *Dietas*, nome dado às reuniões periódicas dos representantes dos corpos políticos com o imperador. O processo que culminava na coroação de um novo imperador era complexo, envolvendo negociações políticas entre os eleitores para proteger ou reforçar os privilégios específicos de seus territórios, o que destaca a importância das prerrogativas constitucionais, simbólicas e consuetudinárias dentro da estrutura do Império.

O poder imperial, portanto, era extremamente limitado dentro do círculo que compunha o Sacro Império. Mas o mesmo se dava em outras localidades: em repúblicas autônomas, como aquelas da península itálica, em reinos como os de Espanha e Portugal, Inglaterra e França ou no senhorio dos Países Baixos. Em todos esses locais, o poder – fosse o do imperador, o do rei ou príncipe governante ou ainda aquele exercido pelos senados locais ou por outras formas de governo municipal-republicanas – nunca era absoluto; ele sempre precisava levar em consideração, em maior ou menor grau, os direitos dos demais corpos políticos.

A segunda peculiaridade da *respublica christiana* era sua concepção da existência social a partir de uma dualidade de esferas, a esfera sagrada (ou religiosa) e a esfera secular (ou civil). Falar dessa dualidade de esferas significa reconhecer que a sociedade que se entendia a partir da noção de *respublica christiana* atribuía lugar e competência a foros decisórios que não pertenciam ao âmbito religioso. Isso pode parecer estranho para quem se habituou a pensar naquela sociedade como dominada pelo elemento religioso. E, de fato, o elemento religioso possuía um caráter pervasivo: estava presente e se imiscuía em todos os assuntos da vida. Mas isso não impedia o reconhecimento dessa dualidade.

Isso se deu por força de razões inscritas na própria lógica da religião cristã. A antiga sociedade grega estruturava-se a partir de uma característica *monista* (do grego *monós*, "único"), na qual a ordem política coincidia com a ordem natural, de tal modo que o questionamento da primeira equivalia ao crime de *hybris* ou "desmedida". Não existia, ali, um intervalo onde o sujeito pudesse invocar a justiça contra as demandas do poder. Já as tradições hebraicas, que informaram os principais conceitos da religião cristã, desvincularam radicalmente o poder e a justiça; e isso porque, diferentemente do que ocorria no Egito ou nos antigos reinos médio-orientais, para os hebreus o poder não se revestia de qualquer aura de sacralidade. A dimensão sagrada era exclusiva de Deus, a quem pertencia a justiça; a partir daí, o próprio poder poderia ser julgado por Deus, o que, na tradição hebraica, acontecia mediante as instituições dos *sacerdotes* e dos *profetas* e sua atuação crítica diante da instituição da *monarquia*, num contexto onde as funções de governo e de sacerdócio nunca se confundiram.

Essa perspectiva foi de suma importância para a Igreja cristã no contexto das difíceis relações com o Império Romano nos séculos II e III. Diante da exigência romana de prestação de reverência aos símbolos cívicos, os cristãos viram-se frente a uma dupla necessidade: justificar sua aparente infidelidade às tradições romanas e, ao mesmo tempo, reafirmar seu compromisso cívico. A alternativa, para o cristão, foi colocar-se como cidadão de dois mundos: fiel ao Reino de Deus, mas, ao mesmo tempo, súdito obediente dos poderes terrestres. Legitimar ambas as esferas, portanto, era imprescindível.

Ao Oriente, no contexto do Império Bizantino, essa distinção não foi tão nítida: ali, a mística de um imperador tornado cristão fez com que os limites entre autoridade política, constituição do corpo social e expressão religiosa se tornassem menos demarcados. No Ocidente, contudo, talvez em função da ausência, por muito tempo, de um poder imperial, assistimos ao predomínio de uma distinção radical entre a esfera cívica, ou secular, e a esfera religiosa.

Em vários momentos, vamos encontrar as atribuições dessas esferas investidas *nas mesmas pessoas*, o que aumenta a possibilidade de nos confundirmos e imaginarmos que tais esferas, na prática, eram indistintas. Mas essa confusão não resiste a um olhar mais atento. Podemos tomar como exemplo o caso dos príncipes-bispos: havia vários no âmbito do Sacro Império, como o príncipe-bispo de Würzburg ou o de Münster. Uma mesma pessoa estava investida de duas autoridades, uma oriunda da esfera religiosa (o bispado) e outra da esfera civil (a dignidade principesca). Todavia, apesar de tratar-se da mesma pessoa, suas atribuições enquanto príncipe e enquanto bispo eram rigidamente distintas: era como príncipe que ele exercia a magistratura civil suprema em seus domínios, mas era como bispo que ele nomeava clérigos, concedida benefícios eclesiásticos ou ministrava os sacramentos da ordenação e da crisma. Era como príncipe que ele comparecia às Dietas imperiais (*Dieta* era o nome dado, no Sacro Império, às reuniões dos representantes dos diferentes corpos políticos com o imperador); mas era como bispo que ele pregava ou administrava a justiça eclesiástica.

Estamos diante de uma realidade política complexa. O governo se fazia através da conciliação de diferentes interesses, tendo em vista os variados corpos políticos e seus conjuntos de direitos e privilégios. A sociedade, embora dependente do elemento religioso enquanto lente que dava sentido à realidade, reconhecia a existência de esferas diferentes de competência, distinguia claramente entre autoridade civil e autoridade religiosa.

REFORMAS ANTES DA REFORMA

O século XV é um momento importante para quem deseja compreender a trajetória dos anseios por reforma no interior da Igreja Católica. A Igreja atravessara um período difícil, com o papado, por razões políticas, retido em Avignon, no reino da França, durante a maior parte do século XIV: uma situação que gerara profunda intranquilidade na Cristandade. Mesmo com a volta do papado a Roma, em 1377, persistiram as dificuldades: com a morte do papa Gregório XI (1329-1378), a eleição de seu sucessor, Urbano VI (1318-1389), não agradou a todo o colégio cardinalício, que elegeu Roberto de Genebra (1342-1394) como papa em Avignon (sob o nome de Clemente VII). Essa situação, com dois papas para uma mesma Cristandade, perdurou até 1417, agravada ainda, desde 1409, pela existência de um terceiro pretendente ao papado, em Pisa.

A crise foi superada no Concílio de Constança (1414-1418). Ao longo do século anterior, reivindicações por reformas na Cristandade tinham encontrado apoio na doutrina conciliarista, que pretendia dar maior peso à reunião de bispos (o concílio) no governo da Igreja. Essa doutrina, responsabilizada pela situação de caos vivida pelo papado, sofreu grave derrota; o papado fortaleceu-se progressivamente a partir do Concílio de Basileia-Ferrara-Florença (1431-1432). No entanto, a própria luta enfrentada pela Igreja ajudou a fomentar novos anseios por reforma e revitalização da fé que encontraram expressão, muito frequentemente, em movimentos populares: é significativo que o movimento feminino de piedade leiga das chamadas "beguinas", nascido nos Países Baixos no século XII e que sofrera restrições por parte da Igreja, tenha sido reabilitado justamente no século XV pelo papa Eugênio IV (1383-1447).

Esses anseios por reforma também se evidenciaram em termos institucionais. Um exemplo importante pode ser encontrado nos esforços de Francisco Jiménez de Cisneros (1436-1517). Cisneros foi personagem de primeira linha no cenário político e eclesiástico espanhol: provincial dos franciscanos de Castela desde 1494, foi confessor da rainha Isabel desde 1492, arcebispo de Toledo e primaz da Espanha desde 1495, Inquisidor-Geral e cardeal a partir de 1507 e regente do Reino por duas ocasiões (1506 e 1516). Humanista, Cisneros esteve à frente de dois importantes empreendimentos eruditos: a fundação da Universidade de Alcalá de Henares, que se tornou centro de difusão do humanismo erasmiano na Espanha, e a edição da famosa Bíblia Poliglota, projeto confiado a especialistas nos idiomas hebraico, caldaico, grego e latim.

As preocupações humanistas do cardeal integravam-se perfeitamente com seu já antigo zelo pela reforma da Igreja, evidenciado pelos sínodos episcopais que ele convocou em Alcalá e Talavera (1497/1498). Nesses encontros, Cisneros procurou levar os bispos a um maior controle sobre seus padres, incentivando os clérigos a residirem na localidade onde ministravam e a demonstrar maior cuidado para com os deveres sacramentais, em especial a confissão. Explicar a doutrina também era, para Cisneros, responsabilidade urgente dos sacerdotes: para isso, ordenou a publicação de um catecismo. Cisneros chegou a promover, em 1503, um levantamento estatístico dos toledanos, a fim de saber quais não haviam cumprido suas obrigações de Páscoa (esperava-se que o fiel se confessasse e participasse da Eucaristia pelo menos uma vez ao ano, por ocasião da Páscoa).

Essas medidas visavam ao chamado *clero secular* ou diocesano. Mas Cisneros também mirou reformar o clero *regular*, ou seja, os padres e irmãos que viviam em regime conventual ou monástico. Nesse âmbito, seus esforços privilegiavam grupos "observantes", como eram chamados aqueles que se prendiam a interpretações mais estritas das regras monásticas. Coincidentemente, eram esses grupos os que contavam com maior simpatia popular, sobretudo quando se tratava de observantes franciscanos. No âmbito da vida monástica mais tradicional – beneditinos e jerônimos, por exemplo –, a reforma de Cisneros procurou privilegiar os segmentos "observantes" existentes nessas ordens. Assim, por iniciativa de Cisneros, os Reis Católicos se dirigiram, em 1499, aos jerônimos, ordem bastante influente na Espanha, exortando-os a se reformarem espontaneamente num espírito "observante", caso não quisessem ser reformados por decreto; e acrescentando que não se podia tolerar vê-los mais interessados em cuidar de suas fazendas do que da vida do claustro.

As reformas propostas por Cisneros sofreram resistências por parte da nobreza, bastante ligada por laços familiares e redes de compadrio a membros das ordens monásticas mais antigas e pouco inclinadas à disciplina dos "observantes". Mas é significativo que, nesse processo, Cisneros tenha tomado decisões sintonizadas com as expectativas populares. A população simpatizava com os observantes franciscanos; valorizava pregadores ardorosos e curas dedicados à ministração regular dos sacramentos. Ao mesmo tempo, o povo se incomodava com o aparente desinteresse das ordens mais antigas pelo bem-estar espiritual da população. Nesse sentido, as reformas do prelado atendiam aos desejos do povo católico por uma religião vivida de forma mais intensa.

Outra ocorrência importante pode indicar como os anseios por reforma religiosa estavam espalhados nos anos que antecederam o protesto de Lutero. O Quinto Concílio do Latrão (3/5/1512-16/3/1517) foi convocado pelo papa Júlio II (1443-1513) sob pressão do rei francês Luís XII (1462-1515), que, em guerra com o papado, convocara uma assembleia episcopal em Pisa (1511). O Concílio nasceu crivado por questões políticas. Mas é curioso perceber como o anúncio do Concílio canalizou, no seio da Igreja, outras expectativas. Dois padres italianos, Tommaso Giustiniani e Vincenzo Quercini, prepararam um documento intitulado *Libellus ad Leonem X* ("Livreto dirigido a Leão X") e encaminharam-no ao Concílio. No dizer do historiador Hubert Jedin (1900-1980), esse texto continha "o mais amplo e radical de todos os programas de reforma da época conciliar". Entre outras coisas, ele incluía: purificar o papado da política, impor limites à captação de recursos pela Cúria, traduzir as Escrituras do latim para os idiomas populares e incentivar seu estudo, combater a "superstição" (ou seja, a proliferação de crenças sem respaldo oficial da Igreja) tanto no meio do povo como entre o clero, cuidar melhor da preparação de sacerdotes, convocar periodicamente concílios gerais, sínodos e capítulos das ordens monásticas e conventuais.

O Concílio pouco atendeu a tais reivindicações. Na prática, o papa Leão X (1475-1521) obteve da reunião uma vitória política com o reconhecimento da Concordata de Bolonha (1516), pela qual encerrava a querela com o rei da França ao dar ao monarca a autoridade para escolher os bispos em seu território. O Concílio também permitiu ao papa sepultar de uma vez por todas as pretensões "conciliaristas", de modo a fortalecer o poder decisório do pontífice. Houve disposições no sentido de exortar os bispos a uma vida mais exemplar; procurou-se estabelecer uma idade mínima para ordenação episcopal (30 anos), bem como a condenação do acúmulo de benefícios eclesiásticos. Mas essas medidas não encontraram aplicação. O próprio papa, posteriormente, concedeu ao príncipe Alberto de Brandemburgo o acúmulo de duas dioceses, contra o pagamento de pesada taxa. Na Cúria romana, os anseios de reforma se chocavam com uma cultura de opulência e de envolvimento político difícil de ser superada.

Assim, expectativas por reformas na religião estavam presentes muito antes de Martinho Lutero se sentir despertado para o tema. Em diferentes medidas, tais inquietações receberam tratamento por parte das autoridades religiosas. Longe da ideia tradicional de que Lutero ergueu-se sozinho contra os "abusos" praticados pela hierarquia católica, a historiografia atual trabalha com a compreensão, mais sólida, de que tanto Lutero quanto os reformadores que se seguiram a ele devem ser inseridos num quadro mais amplo de desejo por reformas.

A Reforma evangélico-luterana

LUTERO E WITTENBERG

E m outubro de 1517, Martinho Luder (1483-1546), nascido em Eisleben, Saxônia eleitoral, no seio de uma família dedicada à mineração, estava prestes a completar 34 anos de idade. O próprio Martinho encarregou-se de modificar a escrita do nome de sua família, empregando em suas cartas eventualmente "Luther" ou a forma latina, "Lutherus". Após 1518, em várias cartas ele assinou "Eleutherius", forma latinizada do grego "Eleutherios" ("liberto"). Monge agostiniano desde 1505, doutor em Teologia desde 1512, contrariara as expectativas do pai, que o queria jurista. O historiador Lucien Febvre, na biografia que escreveu sobre Lutero, caracterizou-o como "uma alma inquieta".

Não eram poucas as almas religiosamente inquietas no século XVI. Nem todas tomavam a decisão radical de optar pela vida monástica. Lutero o fez, segundo ele, esperançoso de servir a Deus no mosteiro agostiniano de Erfurt e de encontrar, na disciplina do claustro, o caminho de sua redenção espiritual. Na ordem agostiniana, Lutero achou apoio no vigário-geral, Johann von Staupitz (1460-1524). Confessor de Lutero, Staupitz viu no trabalho intelectual uma saída para as turbações espirituais daquele monge. Foi por sua orientação que Lutero dedicou-se ao estudo da Teologia; Staupitz direcionou-o, em 1511, para Wittenberg, cuja universidade oferecia um campo de atuação bastante promissor e onde Lutero já havia estudado entre os anos de 1508 e 1509.

Wittenberg precisava de Lutero, tanto quanto Lutero precisava de um lugar ao qual dedicar-se. A universidade fora fundada em 1502 pelo príncipe-eleitor da Saxônia Frederico III de Wettin (1463-1525). Frederico, cognominado "o Sábio", vivia em disputa com seu primo Georg (1471-1539), que herdara a outra metade da Saxônia (conhecida como Saxônia ducal ou Saxônia albertina), uma herança que incluía a importante cidade universitária de Leipzig. Em comparação com outras regiões germânicas, sobretudo com as prósperas cidades comerciais do sul e do sudoeste, a Saxônia eleitoral contava com recursos, por conta de sua rica mineração (prata e cobre), mas não com sofisticação. A universidade, parte dos planos do príncipe para trazer renome à cidade, era ainda um empreendimento incipiente, para o qual Frederico se serviu das estruturas e do clero do mosteiro agostiniano existente na cidade. Por conta da formação do corpo docente, era uma instituição majoritariamente escolástica.

Numa universidade de renome, talvez Lutero passasse despercebido. Wittenberg, contudo, caiu-lhe como uma luva. Ele direcionara seus estudos teológicos para o campo da erudição bíblica, habilitando-se em grego e hebraico. Obtido o doutorado, Lutero dedicou-se à exposição das Escrituras: entre os anos de 1513 e 1518, suas aulas versaram sobre os Salmos, sobre as Cartas aos Romanos e aos Gálatas e sobre a Carta aos Hebreus. O texto era lido nos idiomas originais e comentado em alemão pelo mestre, enquanto os estudantes faziam extensas anotações em seus exemplares latinos da Bíblia.

Wittenberg possibilitou a Lutero o estabelecimento de importantes relações sociais. Isso teria sido mais difícil numa cidade maior, dotada de uma universidade mais opulenta. Em Wittenberg, foi possível ao recém-doutor imiscuir-se nas principais redes locais, para além da própria Universidade: juristas, funcionários civis, impressores, comerciantes e artistas como Lucas Cranach, o Velho (1472-1553), um dos cidadãos mais influentes de Wittenberg. A ele devemos importantes retratos de Lutero feitos a partir do modelo vivo.

Martinho Lutero como monge agostiniano (1520),
gravura de autoria de Lucas Cranach, o Velho.

Esses contatos, e outros que Lutero manteve fora de Wittenberg, foram decisivos para ele quando sua separação da Igreja de Roma se consumou. Lutero vivia numa sociedade intensamente corporativa, na qual a sobrevivência dependia da inserção em redes de relações. A ordem agostiniana representou a primeira dessas redes; quando chegou a hora do rompimento com a ordem que o acolhera quase duas décadas antes, Lutero precisou de todas as relações que conseguira construir. Parte importante das relações externas a Wittenberg foram tecidas a partir de 1515, quando Lutero foi nomeado vigário distrital de sua ordem, com responsabilidade sobre 11 mosteiros.

Além de centro minerador e universitário, Wittenberg era um centro de devoção. O príncipe Frederico possuía uma impressionante coleção de relíquias, visitada por peregrinos cujas contribuições financeiras representavam parte importante dos rendimentos empregados na manutenção da Universidade. "Relíquias", na tradição católica, eram objetos que teriam tido contato com algum santo reconhecido pela Igreja, podendo ser um artefato de posse pessoal (como um pedaço de roupa) ou mesmo um fragmento de seu corpo. A Igreja, que se entendia como administradora da graça de Deus no tocante ao perdão dos pecados, concedia *indulgência* (ou *perdão*, com cancelamento de determinado número de dias que o pecador deveria permanecer no purgatório) em função de cada relíquia da coleção que fosse contemplada pelo peregrino. Com isso, não interessava ao príncipe que em seu território fossem oferecidas, também, as indulgências papais, documentos com a mesma finalidade que eram colocados à venda periodicamente por representantes autorizados por Roma. Por essa razão, Frederico proibira, em seus domínios, a venda desses documentos.

Essa dimensão devocional emprestava a Wittenberg um dinamismo especial. A pequena cidade ganhava cores mais interessantes em função do gerenciamento desse centro de devoção, com as igrejas embelezadas por obras de artistas importantes e a Universidade dotada de novos prédios.

Mas Wittenberg nunca chegaria a rivalizar com cidades como Augsburgo ou Nuremberg em termos de sofisticação e de liberdades políticas. Essas cidades, enriquecidas por causa do comércio, tinham estatuto de cidades independentes: submetidas diretamente ao imperador, podiam fazer suas próprias leis e exercer a justiça; seus Conselhos municipais eram compostos por centenas de membros, representantes dos diferentes grêmios e associações da cidade, e tinham assento na Dieta imperial. Já em Wittenberg, as decisões dependiam apenas do príncipe-eleitor, ao qual o Conselho municipal se reportava com pouquíssima autonomia. Esses elementos de natureza política serão importantes para compreendermos alguns desdobramentos da reforma empreendida por Lutero.

O PROTESTO DE LUTERO, UM ACONTECIMENTO UNIVERSITÁRIO

Enquanto preparava e ministrava suas aulas sobre o texto bíblico, o próprio Lutero estava sendo transformado. Ao longo da primeira década de sua formação como teólogo e religioso agostiniano, ele acumulara muito do conhecimento tradicional: era versado nas disposições canônicas da Igreja, conhecia Aristóteles e dominava os princípios do trabalho teológico escolástico. Na Universidade de Erfurt, onde passara do Direito ao estudo da Teologia, Lutero leu muito de Guilherme de Ockham (1287-1347) e da chamada escola filosófica nominalista, que representou o principal ataque à filosofia e teologia escolásticas. Eclético, Lutero também recebeu forte carga místico-devocional da chamada *theologia germanica*, em especial de mestre Eckhart (c.1260-1328) e Johannes Tauler (1300-1361). Para essa escola, a vida espiritual encontra-se no abandono das resistências e num entregar-se irrestrito a Deus. Lutero encarregou-se de editar, em 1516 e de novo em 1518, um dos textos-chave dessa escola, o anônimo *Eyn deutsch theologia*, escrito em fins do século XIV. Na introdução que escreveu para a obra, Lutero afirmou que, depois da leitura da Bíblia e de santo Agostinho, esse fora o texto que mais o influenciara.

A essa herança o trabalho bíblico de Lutero agregou novos elementos. A preocupação com a correta compreensão e interpretação do texto bíblico ganhou expressiva centralidade. Foi nesse contexto que suas ideias chegaram a um ponto de crise.

O próprio Lutero expressou-se várias vezes sobre isso e seus relatos nem sempre são coerentes. Nos últimos anos, já casado, com filhos e bem estabelecido, ele tinha o hábito de falar sobre esses fatos do passado enquanto jantava com seus frequentes convidados. A partir dessas reminiscências, falou-se muito sobre a "experiência da torre" (*Turmerlebnis*), numa referência ao local onde ficava o gabinete de estudos de Lutero no mosteiro: enquanto lia o trecho paulino de Romanos 1:17, que diz: "visto que a justiça de Deus se revela no evangelho, de fé em fé, como está escrito: O justo viverá por fé", ele teria encontrado a resposta para a questão de como um homem pecador pode ser justo diante de um Deus santo. A partir das reflexões feitas em seu gabinete na torre, Lutero teria compreendido que essa justiça mencionada por Paulo não era a justiça ativa e punidora exercida por Deus, como ele antes imaginava, mas a justiça passiva com a qual o Deus misericordioso considera justo aquele que tem fé.

Isso teria acontecido antes de outubro de 1517? Faz todo o sentido imaginar que sim, se quisermos relacionar essa conclusão ao explosivo conteúdo das *95 Teses* dadas à luz a 31 de outubro daquele ano. Embora Lutero, escrevendo em 1545, situe essa experiência em 1519, encontramos nas aulas sobre Romanos, que ele ministrou entre 1515 e 1516, o núcleo dessa ideia já formulado, numa das anotações manuscritas que ele preparou sobre Romanos 1:17: "a justiça divina é a causa da salvação [...] a justiça pela qual Deus nos faz justos. Isso se dá por meio da fé no evangelho".

Não é impossível que as reminiscências da "experiência da torre" sintetizem diferentes momentos de meditação sobre um texto que fora, para Lutero, objeto de prolongada reflexão. O que parece claro é que foi nesses anos de intensos estudos e preleções, mas ainda antes de outubro de 1517, que essa concepção acerca do papel da fé na justificação do pecador se solidificou.

As convicções defendidas por Lutero moldaram-se, assim, na conjunção entre o trabalho meditativo de quem prepara uma preleção e o trabalho de quem, da cátedra, ensina a seus alunos. Foi, de toda forma, uma experiência universitária. É importante sublinhar este ponto, porque a moldura intelectual dessa experiência foi a oposição crescente, feita em chave humanística, a Aristóteles e às principais ênfases escolásticas na Universidade de Wittenberg. Segundo Johannes Lang (1487-1548), colega de Lutero, em 1516 as aulas sobre a Bíblia e sobre os Pais da Igreja estavam repletas, ao passo que os docentes escolásticos ficavam à cata de alunos. Entre 1517 e 1518, enquanto Lutero dava palestras sobre a Carta aos Hebreus, seu colega Andreas Karlstadt (1486-1541) ministrava um curso sobre santo Agostinho, e Johannes Rhagius Aesticampianus (1457-1520), humanista e botânico, lecionava sobre são Jerônimo e sobre Plínio, o Velho (escritor e naturalista latino).

Num conjunto de teses que um dos alunos de Lutero, Franz Günter, defendeu diante do corpo docente de Wittenberg ainda em 1517, temos um claro exemplo das posturas antiescolásticas de Lutero. Contra a leitura "de consenso" que a teologia de Tomás de Aquino, de larga inspiração aristotélica, tentara fazer de Agostinho, as teses afirmavam um agostinismo radical, que não via possibilidade de alguma ação boa ser realizada pelo homem à parte da graça de Deus. Valendo-se de argumentação engenhosamente filosófica, as teses são um protesto contra a intromissão da filosofia na teologia e concluem com um corolário: "Ninguém pode se tornar teólogo a menos que dispense Aristóteles".

Não estamos diante, apenas, de um protesto contra a venda de indulgências papais, como tão frequentemente as *95 Teses*, que Lutero divulgará em fins de 1517, são consideradas. Trata-se da trajetória singular de um homem que, de uma situação de intensa angústia pessoal, conforme depreendemos das fontes existentes, confrontado pela ideia de justiça divina, chegou a uma postura de fé mediante um trabalho demorado sobre o texto bíblico, feito em bases humanistas. Lutero julgava ter encontrado uma mensagem e que essa mensagem o transformara. Ao mesmo tempo, essa mensagem se encaixava num questionamento mais amplo, que abarcava boa parte da estrutura intelectual da teologia de sua época. Tudo isso se deu em ambiente universitário, na disputa entre uma *via moderna*, humanista, e um "caminho antiquado" dos escolásticos fixados no aristotelismo. Presentes, estavam ainda os ecos do mesmo apelo por um retorno *ad fontes* (a Bíblia e os Pais da Igreja) tão propalado pelos humanistas.

Foi nesse cenário que se deu, em 31 de outubro de 1517, o episódio envolvendo as *95 Teses*. Questiona-se se Lutero de fato afixou-as na porta da igreja do castelo de Wittenberg, onde normalmente eram colocados os anúncios da Universidade. Nos poucos exemplares que sobreviveram do cartaz impresso em tamanho grande (equivalente ao nosso A3), o cabeçalho avisa que as teses seriam debatidas pelo Reverendo Padre Martinho Lutero e convida os que não puderem comparecer a se manifestarem por escrito. Até onde sabemos, não compareceu ninguém para essa discussão (*disputatio*) que, em si mesma, era evento acadêmico bastante rotineiro. Mas o fato é que o próprio Lutero se encarregou de distribuir as *Teses*, enviando-as a alguns amigos e, depois, encaminhando-as ao bispo Alberto de Brandemburgo em fevereiro de 1518.

Excertos das *95 Teses*

"Ao dizer: 'Arrependei-vos etc.', nosso Senhor e Mestre Jesus Cristo pretendia que toda a vida de seus fiéis fosse de penitência" (*Tese 1*); "E a palavra 'penitência' não pode, nem deve, ser compreendida como se referindo ao sacramento da penitência, ou seja, à confissão e expiação como exercidas sob o ministério do sacerdote" (*Tese 2*); "Portanto, erram os pregadores de indulgências quando dizem que, por indulgência papal, um homem pode ser livre de todas as punições, e salvo" (*Tese 21*); "Pregam vaidades os que dizem que a alma voa para fora do Purgatório tão logo o dinheiro é lançado no cofre de ofertas" (*Tese 27*); "Todo cristão que experimenta sincero arrependimento e aflição por causa de seus pecados tem perfeita remissão do sofrimento e da culpa, mesmo sem cartas de indulgência" (*Tese 36*); "O justo e verdadeiro tesouro da Igreja é o Evangelho santíssimo da glória e graça de Deus" (*Tese 62*); "Imaginar que o perdão papal tem poder para absolver um homem ainda que – para referir-se algo totalmente impossível – ele tivesse violado a Mãe de Deus, é loucura" (*Tese 75*).

Em sua brevidade, as *Teses* possuem uma impressionante força cumulativa, à medida que indicam o que Lutero considerava os equívocos da Igreja no ensino relativo às indulgências. As teses 27 e 75 referem-se a bordões utilizados com frequência pelos monges dominicanos, que eram, em territórios germânicos, os principais responsáveis pela venda desses documentos papais. Na tese 90, encerrando breve reprodução de perguntas frequentemente feitas pelos leigos, Lutero afirma: "Reprimir pela força essas questões candentes dos leigos é expor a Igreja e o papa ao ridículo de seus inimigos, bem como fazer infeliz o povo cristão".

O caso das indulgências é um exemplo flagrante de como as questões eclesiásticas, políticas e financeiras se misturavam nesse conturbado século XVI. A maior autoridade episcopal nos territórios germânicos era Alberto de Brandemburgo (1490-1545), arcebispo de Magdeburgo desde 1513, quando tinha apenas 23 anos, e desde 1514 cumulativamente arcebispo de Mainz, além de príncipe-eleitor do Sacro Império. Nesse personagem encontramos o desrespeito a duas reivindicações reformistas feitas pelo clero da época: que bispos não fossem nomeados em idade muito jovem e que não lhes fosse permitido acumular dioceses. No caso de Alberto, as nomeações haviam sido autorizadas pelo papa Leão X em troca de pesada contribuição financeira para o término das obras da Basílica de São Pedro; esse dinheiro saiu do cofre dos banqueiros Fugger, a mais importante casa bancária europeia da época, na forma de um empréstimo. Para quitar o empréstimo, Alberto obteve, também do papa, o direito ao oferecimento de indulgências, que eram vendidas por frades dominicanos nos territórios a ele submetidos.

Como vimos, em termos seculares Lutero era súdito de outro príncipe-eleitor, Frederico; este procurava, sempre que possível, dificultar a venda de indulgências em seus domínios. Na Saxônia ducal, submetida ao duque Georg, primo de Frederico, as indulgências eram vendidas livremente; mas a forte propaganda feita pelos dominicanos, encabeçados pelo frade Johann Tetzel (1465-1519), tornava o tema um assunto explosivo também na Saxônia eleitoral. A posição assumida pelo príncipe Frederico certamente representou, nesse estágio inicial do protesto de Lutero, um apoio importante. Seja como for, Lutero sentiu-se livre para lançar suas questões.

Depois de enviar suas teses ao próprio arcebispo Alberto de Brandemburgo, Lutero deu um passo além e publicou, nos meses seguintes, seu *Sermão sobre as indulgências e a graça*, texto que foi impresso 25 vezes entre 1518 e 1520.

As respostas não tardaram. Johann Maier von Eck (1486-1543), erudito versado nos escolásticos, mas não desprovido de interesses humanísticos e que mantivera relações amistosas com Lutero ao longo de todo o ano de 1517, respondeu ao monge agostiniano com um texto intitulado *Obelisci* ("Obeliscos"). Apesar da seriedade do tema, o título continha uma brincadeira humanista: "obelisco" era o nome dado às marcas feitas pelos impressores para indicar locais onde havia erros ("gralhas") de impressão. Lutero respondeu dando mostras de ter compreendido a brincadeira: sua resposta intitulava-se *Asterisci adversus obeliscos Eccii* ("Asteriscos contra os obeliscos de Eck"; os impressores usavam asteriscos para indicar as passagens onde eram feitos acréscimos ao texto impresso).

Estamos ainda num contexto onde o tema religioso levantado por Lutero era objeto de uma atenção eminentemente humanística e erudita. Em Heidelberg, em abril de 1518, Lutero compareceu a uma reunião da ordem agostiniana convocada por Staupitz. Na ocasião, preparou-se a apresentação de outras 40 teses elaboradas por Lutero. As teses, dessa vez, não tratavam das indulgências, mas eram antiescolásticas no espírito daquelas defendidas por Franz Günter em 1517. Heidelberg era um importante centro universitário; a *disputatio* atraiu a atenção de muita gente e o tom geral da discussão pode ser percebido a partir da carta que, pouco depois, Lutero escreveu a Jodokus Trutfetter (1460-1519), seu antigo professor de filosofia em Erfurt: "é impossível reformar a Igreja", escreveu Lutero, "se não erradicarmos os cânones, os decretos, a filosofia escolástica e a lógica como a temos agora". Em lugar desses elementos, propunha, era preciso dar atenção redobrada ao estudo direto da Bíblia e dos Pais da Igreja. Renovação da Igreja e renovação das estruturas epistemológicas, portanto, eram alvos gêmeos para Lutero a essa altura.

Presentes ao debate estavam dois homens que, depois, seriam responsáveis pela divulgação das ideias de Lutero no sul dos territórios germânicos: Martin Bucer (1491-1551), dominicano e estudante em Heidelberg, e Wolfgang Capito (1478-1541), beneditino e professor em Basileia. Como resultado desse debate, Martin Bucer abandonou a ordem dominicana. Bucer, Capito e outros que assistiram ao debate testificaram a profunda impressão causada e que os teria transformado completamente. No círculo de humanistas de Nuremberg, com o qual Lutero estabelecera fortes relações nos anos anteriores, as ideias do professor de Wittenberg continuaram a encontrar ecos positivos.

Malgrado a forte ancoragem no meio universitário, onde a crítica às posições escolásticas atraía o respaldo dos que se viam alinhados com as posturas humanísticas, o fato é que o debate não se restringiria a esse ambiente.

Além de Eck e do próprio Tetzel, outros clérigos ligados ao arcebispo Alberto dedicaram-se a responder a Lutero. Mais grave ainda foi o parecer vindo de Roma em agosto de 1518: as teses sobre as indulgências foram consideradas heréticas e seu autor convocado a comparecer diante do papa.

DESDOBRAMENTOS

A situação era delicada. O papa Leão X precisava do apoio dos príncipes germânicos para seu projeto de cruzada contra os otomanos. Na Dieta imperial reunida em 1518, esse tema somou-se à necessidade do imperador Maximiliano I (1459-1519) de fixar novos tributos. Essa era uma medida que somente os corpos políticos, constituídos em Dieta, poderiam autorizar; e, nesse processo, o apoio de Frederico III, o príncipe-eleitor que era também o soberano de Lutero, era imprescindível. A conjuntura favoreceu Lutero. O representante do papa, Tommaso de Vio (1469-1534), conhecido como cardeal Cajetano ou Caetano (de Gaeta, seu local de origem na Itália), concordou em poupar a Lutero uma visita à Santa Sé: ele mesmo ouviria o monge em Augsburgo, onde a Dieta se reunira.

Cidade importante, Augsburgo era também o lar dos banqueiros Fugger. Dado o papel desempenhado por essa casa bancária na questão das indulgências, é digno de nota que o cardeal Caetano tenha ficado hospedado no palácio da família Fugger e que ali mesmo, nas dependências do palácio, tenha tido lugar seu debate com Lutero. Na discussão, segundo relatos de várias testemunhas oculares, Lutero teria se saído bastante bem. A súmula de seu pensamento era a defesa da autoridade das Escrituras contra toda autoridade que se afastasse delas, fosse a do direito canônico, fosse a das bulas papais ou mesmo as opiniões dos Pais da Igreja. Mas Lutero estava longe de desconhecer os complicados meandros do direito canônico. Pressionado por Caetano, Lutero demonstrou sua perícia como latinista e seu profundo conhecimento dos documentos papais, e isso, conforme as mesmas testemunhas, com tal habilidade que seus argumentos silenciaram o representante papal.

Staupitz estava presente ao debate em Augsburgo. Caetano pressionou-o a usar sua autoridade para obrigar Lutero a se retratar. Staupitz saiu-se com evasivas, mas, nesse meio-tempo, descobriu que o superior geral dos agostinianos, Gabriele della Volta (1468-1537), havia solicitado a Caetano a prisão de Lutero e sua condução posterior a Roma. Diante disso, Staupitz deu mais uma prova de favorecimento em relação a Lutero: dispensou-o de seus votos como monge agostiniano. Com isso, o monge não seria obrigado, por força do seu voto de obediência, a acatar a determinação de seu superior.

Diante do agravamento da situação, o círculo de apoiadores de Lutero em Augsburgo encobriu sua saída clandestina da cidade, na noite de 20 para 21 de outubro. No dia 21 de outubro foi afixada na porta da catedral de Augsburgo a apelação de Lutero ao papa no sentido de que suas ideias fossem discutidas por um concílio da Igreja. A medida tirou o caso das mãos de Caetano, que não tinha mais o que fazer exceto encaminhar a apelação a Leão X. De volta a Wittenberg, Lutero fez publicar o texto da apelação e o registro dos debates em Augsburgo, que ele mandara anotar.

As circunstâncias novamente se mostraram favoráveis a Lutero. O imperador Maximiliano morreu em janeiro de 1519, tendo feito todo o possível para encaminhar a candidatura de seu neto, Carlos de Gante (1500-1558). Carlos era filho de Filipe, o Belo (1478-1506), soberano dos Países Baixos, e de Joana, cognominada "a Louca", filha dos Reis Católicos de Espanha, Fernando de Aragão e Isabel de Castela. Com a morte do pai, em 1506, e com a incapacidade da mãe, Carlos herdou as possessões nos Países Baixos, mantidas sob regência até 1515. A morte de seu avô materno, em 1516, legou-lhe a Coroa da Espanha, que ele assumiu como Carlos I nesse mesmo ano. Essa complexa conjunção sucessória tornava a candidatura de Carlos ameaçadora; se fosse guindado à dignidade imperial, ele concentraria em suas mãos uma quantidade inusitada de autoridade. Mais uma vez, o príncipe-eleitor Frederico, soberano de Lutero, se viu numa posição de influência no cenário político: chegou a receber acenos do papa, que via vantagens em apoiá-lo para o título imperial. Para o papa, tanto Carlos como o outro candidato, Francisco I (1494-1547), rei da França, não pareciam alternativas convenientes. Frederico, contudo, optou por apoiar Carlos. A situação arrastou-se até junho de 1519, quando Carlos foi eleito.

Tempo transcorrido significava tempo no qual os textos de Lutero, multiplicados pela imprensa, continuavam a se espalhar. Quando o próximo grande lance se apresentou – o debate com Johann Eck em Leipzig, em julho de 1519 –, o número de pessoas atingidas pelas ideias do professor de Wittenberg havia crescido. Nesse debate, Eck conseguiu vincular Lutero às ideias de Jan Huss (1369-1415), a quem o Concílio de Constança (1414-1418) condenara por heresia em 1415. Em junho de 1520, uma sentença de excomunhão contra Lutero foi promulgada pelo papa Leão X através da bula *Exsurge Domine* ("Levanta-te, Senhor"). A bula foi publicada nos territórios germânicos em outubro do mesmo ano. Lutero respondeu queimando em público o texto da bula junto com alguns compêndios de direito canônico. O gesto sinaliza o quanto a crítica de Lutero não visava apenas um item teológico (a questão das indulgências), mas pretendia uma revisão global da estrutura teológica e institucional romana.

UMA REFORMA CONSTRUÍDA POR TEXTOS IMPRESSOS

Não passa despercebido o uso sistemático que Lutero fez da imprensa, desde outubro de 1517. As prensas e seus tipos móveis deram às ideias do monge de Wittenberg uma vazão e uma ressonância que, sem esse auxílio, levariam muito tempo para alcançar. Em 1520, Lutero publicou tratados importantes, que deram consistência e difusão às suas intuições. A *Carta aberta à nobreza cristã da nação germânica* teve sua tiragem inicial de 4 mil exemplares esgotada em cinco dias; seguiram-se mais 16 edições num curto período. Conclamando os poderes seculares a procederem a uma reforma da religião, com vistas à eliminação dos abusos perpetrados por Roma, o texto trazia em seu núcleo a convicção de que era um erro considerar "religiosos" apenas aqueles que receberam ordens ou viviam em regime monástico. Todos os cristãos são igualmente "religiosos", chamados a viver o mesmo compromisso com o Evangelho e diferindo apenas nas funções que ocupam (magistrados, eruditos, artesãos, comerciantes, ministros religiosos).

Essa impressionante divulgação levanta a pergunta sobre quem lia esses textos. O formato da impressão, em exemplares pequenos e de baixo custo, permitia uma ampla circulação mesmo em estratos menos favorecidos da população. Dinâmicas muito próprias de inícios da Época Moderna, como a leitura coletiva de uma obra, tornavam possível o acesso ao conteúdo mesmo por aqueles que não sabiam ler. O fato é que tais obras eram lidas (ou eram ouvidas enquanto lidas em voz alta) por pessoas dos mais variados estamentos sociais: eruditos, professores universitários, magistrados, aristocratas, comerciantes, gente da alta e média burguesia, mas também membros de diferentes corporações de ofícios, artesãos, agricultores. O interesse se explica pelo lugar que a religião desempenhava no contexto daquela sociedade. A religião possuía um papel fundamental como lente interpretativa da realidade; em função disso, polêmicas religiosas chamavam a atenção de forma bastante intensa.

Para compreender o fenômeno dessa divulgação maciça é preciso ter em mente a rápida popularidade que o protesto de Lutero lhe granjeou. Queixar-se das ingerências de Roma na vida religiosa germânica não era algo novo; desde meados do século XV, circulavam textos como o *Gravamina nationis germanicae et Sacri Romani Imperii Decem* ("Dez queixas da nação germânica e do Sacro Império Romano", 1455). Dirigidos à Dieta imperial, documentos como esse davam destaque a práticas da Igreja Católica consideradas abusivas, como o desinteresse dos clérigos pelo povo, o acúmulo de dioceses pelos prelados e os maus costumes atribuídos aos monges. Num ambiente acostumado a tais queixas, era fácil reconhecer em Lutero um catalisador de insatisfações.

O frade franciscano Thomas Murner (1475-c.1537) escreveu, ainda em 1520, uma resposta à *Carta aberta à nobreza cristã da nação germânica*. Lutero, por sua vez, redarguiu no mesmo ano com *A liberdade do cristão*, onde procurou mostrar que sua posição teológica não significava rebelião: a liberdade humana radicava-se na submissão a Deus. Lutero enviou ao papa um exemplar desse tratado, com uma carta em que protestava haver sempre empregado termos honrosos a respeito do pontífice. No entanto, no decorrer da carta ele deixou claro que esse respeito pelo papa não se estendia à Sé romana, a qual, segundo Lutero, era "mais corrupta do que jamais foram Sodoma e Babilônia".

Tal menção deu o tom para outro texto, de enorme impacto polêmico: *Sobre o cativeiro babilônico da Igreja* (outubro de 1520). Neste, o ataque dirigiu-se ao soberbo edifício sacramental construído pela Igreja. A missa, diz-nos Lutero, é culto agradecido dirigido a Deus e não sacrifício novamente oferecido a Ele. No tocante à Eucaristia, Lutero questionou o dogma católico da *transubstanciação*, segundo o qual os elementos consagrados – pão e vinho – perdem suas propriedades substanciais, tornando-se efetivamente corpo e sangue do Senhor Jesus. Para Lutero, na consagração desses elementos a substância original permanecia, mas a ela se juntava também a substância do corpo e do sangue de Cristo.

Enquanto Lutero escrevia e publicava, seus adversários não permaneciam indolentes. A 28 de janeiro de 1521, reuniu-se a Dieta imperial na cidade de Worms com o jovem imperador. O poderoso Carlos V, detentor de várias Coroas e da dignidade imperial, defendia com ênfase a fé católica e via no movimento de Lutero os riscos de uma heresia. Lutero foi convocado a comparecer a Worms, diante do imperador e do legado papal, Girolamo Aleandro (1480-1542). Carlos não pretendia que Lutero se manifestasse; ele apenas seria instado a se retratar de seus erros. Mas Lutero chegou a Worms sob intensa ovação popular a 17 de abril de 1521 e ouviu em silêncio a exortação para que se retratasse. Em resposta, ele solicitou o prazo de um dia para refletir. No dia seguinte, ao invés de uma retratação, Lutero fez, em latim, um discurso no qual deixou claro que não voltaria atrás em suas afirmações.

Declaração de Lutero na Dieta de Worms (1521)

"A menos que seja convencido pelo testemunho da Escritura e por razões evidentes – pois não acredito nem na infalibilidade do papa nem na dos concílios (é sabido que eles muitas vezes se enganaram e se contradisseram) –, estou ligado pelos textos bíblicos que trouxe comigo e minha consciência é prisioneira da Palavra de Deus. Não posso nem quero retratar coisa alguma, pois não é nem seguro nem salutar agir contra a própria consciência. Que Deus venha em meu auxílio! Amém!"

Martinho Lutero. *Luther's Works*. Philadelphia: Muhlenberg Press, 1957, v. 32, p. 112-3.

Assistido pela multidão que se comprimia no amplo salão, o discurso de Lutero ganhou repercussão imediata. No mesmo dia, o imperador Carlos redigiu uma réplica, na qual criticava Lutero pelo orgulho com que se afastava dos antepassados, todos eles obedientes à Igreja, e se fazia juiz dela. Lutero justificou-se dizendo que, para ele, a Escritura Sagrada, que ele aprendera a ler e interpretar com cuidado ao longo da década anterior, tinha um sentido claro e objetivo do qual ele não podia se apartar. Era isso o que ele quis dizer ao se referir à sua "consciência" como prisioneira da Palavra de Deus.

Qual o resultado efetivo do comparecimento de Lutero perante a Dieta? A posição de Carlos, que até então não era clara para todos os príncipes do Império, definiu-se contra Lutero. Em 26 de maio de 1521, quando Lutero já deixara a cidade, o imperador promulgou o Edito de Worms, pelo qual Lutero era proscrito, a venda, leitura, posse ou impressão de quaisquer de suas obras era proibida e todo aquele que o auxiliasse, abrigando-o, seria também considerado culpado de seus crimes.

No entanto, mais uma vez as circunstâncias foram favoráveis a Lutero. O imperador, ao convocá-lo, havia prometido ao príncipe Frederico um salvo-conduto para seu súdito. Diante da recusa de Lutero à retratação, Carlos foi pressionado no sentido de cancelar o salvo-conduto. Isso, aliás, foi o que ocorreu, mais de 100 anos antes, com Jan Huss: seu salvo-conduto fora cancelado e ele queimado por heresia. Mas Carlos manteve o salvo-conduto, o que permitiu a Lutero deixar a cidade a 26 de abril. No caminho de volta a Wittenberg, Martinho Lutero foi sequestrado, numa trama urdida por seu príncipe Frederico, e escondido por ele no castelo de Wartburg. Com roupas de cavaleiro, sem barbear-se e deixando crescer o cabelo para ocultar a tonsura monástica, Lutero seria ali, nos meses seguintes, o "cavaleiro Jorg".

Lutero como "cavaleiro Jorg" (1522),
xilogravura de autoria de Lucas Cranach, o Velho
[Metropolitan Museum of Art].

EXPANSÃO E CONTROVÉRSIAS

Muito se escreveu sobre como Lutero empregou os meses de retiro forçado no castelo de Wartburg: antes de mais nada, no esforço por traduzir o Novo Testamento para o alemão, numa linguagem que procurava captar as expressões e sonoridades do dialeto popular. Também se escreveu bastante sobre suas lutas íntimas (as principais fontes, aqui, são as cartas escritas por Lutero no período e as *Tischreden*, "Conversas à mesa", conversações que Lutero manteve, anos depois, em sua casa com seus alunos e que foram anotadas por eles): embates com o demônio, que ele descreveria em detalhes; embates com seu próprio corpo, por problemas digestivos. O monge que, por anos, se submetera a um regime de devoção ascética, com jejuns e macerações, agora se queixava da preguiça que investia contra sua carne. Como se verifica pelas numerosas cartas que escreveu nesse período, Lutero dava sinais de se sentir cortado da existência monástica à qual se consagrara e da cátedra, que o obrigava à disciplina do estudo regrado. Suas queixas refletem o desassossego de alguém cujos principais laços com a vida pregressa foram subitamente rompidos.

Enquanto os meses se alongavam no castelo, o movimento que Lutero iniciara continuava à sua revelia. Em Wittenberg, seu companheiro de cátedra, Andreas Bodenstein von Karlstadt, procurou dar sequência ao que Lutero começara. Escritor prolífico, produzia textos em sequência vertiginosa, questionando os votos monásticos (em especial o celibato), o uso de imagens religiosas e as concepções tradicionais sobre a missa e sobre a Eucaristia. Foram ao todo 90 títulos, que obtiveram 213 edições. Juntamente com Philipp Melanchthon (1497-1560), humanista, professor de grego em Wittenberg e pessoa de confiança de Lutero, Karlstadt deu início a um processo de reforma nas práticas religiosas da cidade, com supressão das imagens e simplificação da liturgia da missa.

Karlstadt e Melanchthon estavam, então, expostos à influência de Gabriel Zwilling (1487-1558), monge agostiniano que se transferira de Zwickau para Wittenberg. Tanto o entendimento de Zwilling sobre a possibilidade de uma "iluminação interior" como experiência disponível a todos os fiéis, quanto algumas ênfases de Karlstadt, que pareciam reclamar um papel maior aos corpos políticos dos cidadãos no governo de Wittenberg, incomodaram profundamente Lutero, que expressou essa preocupação em correspondência com Melanchthon. Finalmente, em março de 1522 Lutero retornou a Wittenberg. Entre 9 e 16 de março, pregou oito sermões nos quais condenou as inovações de Karlstadt, procurando moderar o clima de agitação contínua que se instalara na cidade. Karlstadt rebelou-se e abandonou Wittenberg; Melanchthon e Zwilling submeteram-se à disciplina de Lutero.

O protesto de Lutero havia liberado intensas energias acumuladas nos segmentos eruditos (gente como Melanchthon e Karlstadt) e na população em geral. Na mesma Zwickau de onde viera Zwilling, uma importante cidade manufatureira, as novas ideias levantaram os ânimos do povo simples, que encontrou em Thomas Müntzer (c.1489-1525) um líder adequado. Erudito e pregador, Müntzer insistia numa total submissão ao Espírito de Deus que habita na interioridade humana. Vagando pelos territórios germânicos, Müntzer espalhou suas ideias e, de retorno à Saxônia, levou a cabo em Allstedt a reforma que, segundo ele, Lutero impedira em Wittenberg: organizou seus seguidores, denominados "verdadeiros cristãos", e adotou uma forma de culto simplificada, em língua alemã e que incluía o cântico de hinos. No famoso *Sermão aos príncipes*, acusou as autoridades civis de não usarem adequadamente o gládio que Deus lhes confiara (numa alusão às palavras do apóstolo Paulo sobre o papel da autoridade civil em Romanos 13) e previu que essa atribuição lhes seria tirada.

Para Lutero, a saída para evitar tais desequilíbrios estava na introdução de disciplina adequada. O trabalho deveria começar pela doutrina da Igreja. Em 1523, ele condensou suas reflexões eclesiológicas no tratado *Que uma assembleia ou comunidade cristã tem o direito e o poder de julgar da doutrina, de convocar um pregador, de o instituir e de o revogar*. Nesse tratado aparecem temas já vislumbrados em escritos anteriores. A Igreja é apresentada como realidade invisível cuja materialidade acontece apenas nas comunidades locais. Essas comunidades, por sua vez, e não uma hierarquia episcopal, são soberanas para eleger e remover pregadores. Constituída dessa forma, como uma assembleia livremente consentida de crentes, a Igreja se submete à pregação do evangelho feita pelo ministro escolhido pela comunidade, à celebração dos sacramentos (Lutero já então reconhecia como tais apenas o batismo e a Ceia do Senhor ou Eucaristia) e ao exercício da disciplina eclesiástica.

Trata-se de uma reforma feita com os olhos em Wittenberg, com o propósito de organizar a vida religiosa nos limites da cidade em que Lutero vivia. Mas sua intenção era que o modelo também fosse reproduzido em outras localidades, o que rapidamente começou a acontecer. Em diferentes regiões, mesmo distantes da Saxônia (como era o caso dos Países Baixos), os monges agostinianos eram sempre os primeiros a se abrirem para os ensinos do colega que se tornara famoso. Em Estrasburgo, Martin Bucer, o mesmo que assistira ao debate de Heidelberg, dava passos concretos para a efetivação da reforma em nível municipal. Cidades livres como Nuremberg, Nordlingen, Memmingen, Augsburgo e Constança não tardaram a aderir a Lutero, entre 1521 e 1523. Também em 1523, a pregação das ideias de Lutero, reproduzidas por outros pregadores entusiasmados, mobilizaram intensamente as cidades mais ao norte: Breslau, Erfurt, Magdeburgo, Bremen, Hamburgo, Danzig.

No entanto, não bastava organizar a Igreja. Com a pregação de Müntzer ainda soando nos ouvidos, Lutero entendeu ser necessário esclarecer as relações entre Igreja e poder civil. Fez isso através do livro *Sobre a autoridade civil e sobre os limites da obediência que lhe é devida* (1523), com contornos bastante específicos que consideraremos em breve.

Nesse meio-tempo, os seguidores de Müntzer multiplicavam-se: o grupo inicial passou de cerca de 30 para mais de 500 adeptos em poucos meses. Mas seu impacto era ainda maior por conta da difusão verbal de suas ideias, de localidade para localidade. Dos discursos, os seguidores de Müntzer passaram à ação. Entre 1524 e 1525, várias cidades caíram sob domínio dos rebeldes, que contestavam o pagamento do dízimo e preconizavam o fim das relações de servidão: Memmingen, Erfurt, Friburgo, Breisach, Stuttgart, Würzburg, entre outras. A situação era tão crítica que, em maio de 1525, o soberano de Lutero, Frederico, então prestes a morrer, pensou em fazer acordo com os rebeldes. O movimento transcendia o próprio Müntzer, com a liderança recaindo em larga medida sobre camponeses e pequenos artesãos.

Lutero conclamou os príncipes à ação através do manifesto *Contra as hordas assassinas e saqueadoras dos camponeses* (1525). No mesmo ano, ele condenara o movimento na *Exortação à paz: resposta aos doze artigos dos camponeses da Suábia*. Assustavam-no, sobretudo, o desafio explícito diante da autoridade estabelecida e as pretensões a uma direção direta do Espírito de Deus como base para a revolta e para a violência. Para Lutero, esses equívocos estavam por trás de apelos como os que Müntzer dirigiu, em 26 de abril de 1525, aos habitantes de Allstedt: "Não permitais à espada esfriar, não permitais que ela penda inativa! Forjai as espadas nas bigornas de Nimrod, derrubai a torre deles!". A referência bíblica é clara:

Nimrod foi o fundador de Babel, local onde se pretendeu a construção da torre ímpia (Gênesis 11). O poder secular, qual nova Babel, deveria ser posto abaixo pelos eleitos de Deus. Finalmente, as tropas do duque Georg, da Saxônia albertina, somadas às cavalarias de Hesse e Brunswick, cercaram os rebeldes em Frankenhausen. Aproximadamente 6 mil deles foram massacrados. Escondido num quarto em Frankenhausen, Müntzer foi descoberto e julgado diante do duque Georg. Retratou-se, voltou a abraçar a fé católica – muito provavelmente por força das torturas que sofreu – e foi decapitado (27 de maio de 1525).

A revolta camponesa desempenhou um papel significativo no desenvolvimento das ações de Lutero nesse período decisivo de consolidação de seu movimento. O acontecimento sublinhou, para ele, a necessidade de organizar o que tinha iniciado. Dando prosseguimento às medidas que introduzira após seu retorno a Wittenberg, Lutero deu ao culto sua forma definitiva ao publicar, em 1526, a *Missa alemã e ordem do serviço divino*: uma missa dominical para a qual se manteve a tradição litúrgica, mas com adoção do vernáculo em lugar do latim e a substituição dos coros pelo cântico de hinos por parte da assembleia. Paralelamente, Lutero procurou orientar os magistrados: deles era a responsabilidade de zelar pelo bem público, o que incluía o provimento aos necessitados e a atenção para com a educação pública. Finalmente, no que tange ao governo da Igreja, Lutero optou pela autoridade dos príncipes. Aos pastores não cabia o governo, apenas a prédica do Evangelho; aos príncipes, ou a outros magistrados legalmente constituídos, cabia exercer a autoridade final sobre as igrejas de uma região.

Esse passo teve efeito decisivo para a configuração da reforma luterana: ela pressupunha uma Igreja composta de multidão; a essas multidões era preciso ensinar os rudimentos da fé para que pudessem professá-la adequadamente. Para isso, Lutero preparou seus dois catecismos: o *Grande Catecismo* e o *Pequeno Catecismo* (1529). As igrejas deveriam ser visitadas com frequência por superintendentes nomeados pelos príncipes e encarregados de aferir a saúde dos rebanhos, seu grau de compreensão da doutrina cristã e a ortodoxia de seus ministros.

Tal ênfase no protagonismo dos príncipes explica a rapidez com que a reforma propugnada por Lutero se espalhou para fora dos territórios germânicos, atingindo em especial a Livônia (Lituânia) e os países escandinavos. Na Dinamarca, a reforma nos moldes de Lutero foi implementada com apoio do rei Cristiano II (1481-1559), desenrolando-se entre

1526-1527, quando a Dieta reunida em Odensee colocou a Igreja sob a autoridade da Coroa, e 1535, quando uma Igreja de configuração luterana, com supervisores designados pelo rei, encontrava-se plenamente estabelecida. Na Suécia e Finlândia, com apoio do príncipe Gustavo Vasa (1496-1560), deu-se processo bastante semelhante.

Não se deve, contudo, supor que essa dependência da autoridade principesca tenha significado ausência de participação popular nesses movimentos. As ideias de reforma difundiam-se através da imprensa e, sobretudo, da pregação. O grau de receptividade a essa mensagem era altíssimo e explica situações em que o conjunto da população chegou a forçar os magistrados e príncipes a aceitarem a reforma. O condado de Lippe, no Baixo Reno, é um exemplo claro: contra todos os desejos do soberano, conde Simão V (1471-1536), que era católico, várias cidades tornaram-se luteranas a partir de 1532; em 1538, as assembleias dos corpos políticos representativos forçaram a adoção do luteranismo em todo o condado. Válida tanto para a reforma luterana como para as demais expressões de reforma religiosa do século XVI é a percepção de que a confluência entre o apoio das autoridades (fossem os príncipes, nos territórios do Império, fossem os Conselhos municipais, nas grandes cidades livres ou nos cantões suíços) e a simpatia popular pelos ideais reformistas ajuda a explicar a rápida proliferação desses movimentos. O apoio do poder, contudo, não pode ser colocado como causa única ou determinante; na ausência dele, como mostra o exemplo acima, a pressão popular – que incluía desde os segmentos mais abastados da burguesia mercantil até os camponeses, passando pelos diversos componentes da população citadina: médios e pequenos comerciantes, artesãos, donos de manufaturas e seus empregados – se fez ouvir, em muitos contextos, de forma determinante.

A REFORMA EVANGÉLICO-LUTERANA, ENTRE PODER PRINCIPESCO E AUTORIDADE IMPERIAL

Até o fim da vida, Lutero referiu-se à Igreja que ele organizara pelo designativo "evangélica". Com isso, ele queria frisar o retorno à pureza dos Evangelhos como principal objetivo de seu movimento. Esse é o nome que vamos encontrar nas confissões de fé (documentos formais nos quais, em cada região, procurou-se estruturar as crenças dessa Igreja). Mas, apesar da desaprovação de Lutero, o designativo "luterano" se consagrou pelo uso. Para a historiografia, a reforma de Lutero será, portanto, a reforma "evangélico-luterana", em atenção ao objetivo que seu iniciador tanto valorizou, mas também em atenção ao papel que sua personalidade desempenhou na configuração geral dos acontecimentos.

Como Lutero concebeu as relações entre a Igreja e o poder político? O projeto evangélico-luterano de reforma delineou-se como vinculado à autoridade dos príncipes. Lutero recusava a ideia medieval dos "dois gládios", segundo a qual poder civil e poder sagrado correspondiam a esferas distintas e onde o predomínio do poder sagrado correspondia à esfera mais elevada de sua atuação. Essa fora a doutrina tradicional, vigente na *respublica christiana* e que não contradizia a noção da existência de uma dualidade de esferas, aquela do poder secular e aquela da autoridade religiosa. A esta última competia operar dentro de sua própria esfera, sem pretensões de exercício do poder temporal; e, mesmo quando um prelado exerce autoridade secular (um bispo, enquanto príncipe de um território, ou mesmo o Santo Padre enquanto soberano dos territórios pontifícios), essa autoridade era exercida por ele não enquanto clérigo, mas enquanto príncipe ou magistrado. No entanto, a "esfera mais elevada de atuação" do poder sagrado incumbia-o de, em determinadas circunstâncias, intervir na autoridade secular: isso deveria acontecer *ratione peccati* ("em razão do pecado"), como formulara a decretal *Novit ille* ("Ele sabe") do papa Inocêncio III (1204). Em outras palavras, se um governante quebrava a lei divina, a autoridade religiosa, nomeadamente a autoridade papal, tinha o dever de intervir e impor a obediência.

Lutero rejeitou essa formulação e, em seu lugar, propôs a doutrina dos "dois reinos" (*zwei Reiche*). Essa doutrina partia da distinção radical entre realidade da graça e realidade do pecado. O poder secular, realidade caída e pecadora, pertence ao reino do pecado, não ao reino da graça. Em consequência disso, a própria Igreja deve estar submetida ao poder secular, no que diz respeito à sua esfera externa, ou seja, aos modos e procedimentos de sua existência. A esfera interna, radicalmente distinta da esfera externa, é aquela da consciência do cristão, onde este vive os embates de sua fé; o Evangelho diz respeito tão somente a essa esfera interna, enquanto toda a vida externa e social do fiel encontra-se sob o governo da lei. A liberdade do cristão, sobre a qual Lutero se expressara com tanta convicção, dizia respeito a essa esfera interna. Em seu íntimo, o fiel era livre, liberto por um Deus gracioso que o justificou de seus pecados a partir tão somente da fé.

Na esfera externa, contudo, o fiel permanece súdito das autoridades civis. Nesse particular, vamos encontrar Lutero dividido entre, de um lado, o reconhecimento da estrutura ideológica da *respublica christiana* em seus contornos mais gerais e, de outro, a aceitação da forma específica pela qual essas dinâmicas eram vividas em sua Saxônia eleitoral, onde a participação dos corpos políticos era bastante limitada frente à autoridade do príncipe-eleitor. Esse era, em termos políticos, o universo mental ao qual Lutero sentia-se ligado. A dependência da autoridade constituída parece ter sido, para ele, fonte de estabilidade e de consolo; razão pela qual, rompidas as amarras que o ligaram às estruturas da Igreja romana, Lutero tenha procurado com tanta veemência o apoio de seu príncipe.

Na perspectiva luterana, não existia a possibilidade de crítica da Igreja ao poder político, aberta pela antiga concepção dos "dois gládios". Os ditames da autoridade secular precisavam ser aceitos e obedecidos. Não poucos estudiosos encontraram, nessa característica do luteranismo, uma explicação para sua tendência a aderir de forma acrítica à autoridade secular; uma tendência que alcançaria contornos bastante trágicos no século XX, por ocasião da ascensão do regime nazista.

Tornou-se lugar-comum a ideia de que os príncipes germânicos deram apoio a Lutero como estratégia para reforçar sua própria autoridade diante do imperador. Essa opinião deixa de perceber a realidade política da Europa nos começos da Época Moderna, baseada numa concepção organológica onde os diferentes corpos políticos e foros decisórios tinham suas prerrogativas e precisavam ser levados em conta.

É no interior das dinâmicas do Império que devemos compreender a ação dos príncipes germânicos que apoiaram Lutero. Eles o fizeram a partir do usufruto de seus direitos e privilégios estabelecidos já de longa data. Tais privilégios, aliás, não eram poucos. O estudo das dinâmicas políticas do Sacro Império mostra o quanto os imperadores eram dependentes dos múltiplos corpos políticos. No nível "micro" de cada principado, por sua vez, experimentava-se situação semelhante, visto que as prerrogativas dos corpos constituídos também precisavam ser respeitadas. As coisas não se processavam sempre de igual modo; havia grandes cidades comerciais onde os Conselhos municipais, lugares de expressão dessa prática política corporativa, gozavam de liberdades maiores e mais amplas frente ao príncipe ou ao imperador. Nesse sentido, todavia, estamos diante de algo ainda mais significativo para nossa análise: na Saxônia eleitoral, um príncipe-eleitor dotado de grande autoridade, frente a um Conselho municipal com prerrogativas bastante fragilizadas, não tinha necessidade de Lutero e de sua reforma para o reforço de seu próprio poder.

A reforma evangélico-luterana, celebrada no passado, anacronicamente, como emblema de modernidade e como etapa formadora da consciência nacional alemã, foi potencializada pelas lógicas estamentais e organológico-corporativas próprias não apenas do Império, mas de toda a *respublica christiana*. Essa reforma encontrou ocasião nos antigos privilégios e não manifestou qualquer consciência no sentido de modificá-los, embora tenha colaborado, no longo prazo, para uma neutralização cada vez maior da estrutura imperial.

Há ainda outro fenômeno importante, na origem do qual vamos encontrar a reforma evangélico-luterana. A preocupação de Lutero em formular claramente suas ideias, bem como sua ênfase na necessidade da instrução religiosa das populações, fizeram com que o movimento atribuísse um papel central às *confissões de fé*. "Confissão", aqui, não diz respeito ao sacramento católico da confissão de pecados, feita a um sacerdote; a reforma evangélico-luterana baniu a confissão enquanto sacramento, atribuindo a ela apenas um valor pastoral e sob regime de total espontaneidade. A palavra "confissão" (*Bekenntnis*) diz respeito à produção, em cada território, de documentos que tinham como finalidade sintetizar as doutrinas consideradas básicas para a fé cristã. Como é natural, esse fenômeno, cujo marco inicial foi a Confissão de Fé de Augsburgo (1530), começou entre os luteranos por força de sua necessidade de justificar-se diante da autoridade imperial; a prática foi seguida também por outros grupos que se afastaram de Roma. Mas a dinâmica confessional não foi estranha ao próprio catolicismo, com a diferença de que na Igreja Católica o papel das "confissões de fé" foi desempenhado pelos decretos e formulações conciliares.

O fenômeno confessional estabeleceu um diferencial importante para a prática religiosa no Ocidente. A partir de sua introdução, o fiel passou a ser não apenas alguém ligado a uma determinada religião por nascimento e batismo, mas alguém ligado à sua fé também por uma *professio fidei*, uma "profissão de fé" ou compromisso jurado de adesão e fidelidade que se assumia a partir de uma instrução religiosa o mais estrita e completa possível. Por força da configuração inicial do luteranismo, estruturado por iniciativa dos poderes seculares, é natural que a maioria das primeiras confissões de fé tenha brotado no solo das igrejas territoriais, fossem aquelas organizadas pelos príncipes, fossem aquelas organizadas (como veremos com mais detalhes no próximo capítulo) a partir dos Conselhos das cidades livres.

Foi a autoridade dos príncipes, na Saxônia eleitoral em primeiro lugar, depois em outros territórios, que ofereceu à reforma evangélico-luterana proteção e condições objetivas para vicejar. Nesse sentido, o Edito de Worms, promulgado por Carlos V em 1521, mostrou-se ineficaz tanto para punir Lutero quanto para impedir a disseminação do movimento. De fato, o imperador tinha outros problemas com que se preocupar: a ameaça turca, a leste, e a guerra com o rei da França, Francisco I. Os combates de Pavia, em fevereiro de 1525, entre os exércitos imperiais e as tropas francesas, explicam em parte a difusão inesperada das rebeliões camponesas num contexto em que faltava poderio militar para detê-las. Premido pelas necessidades da política externa, que incluiu uma crise com o papado que culminou com o saque de Roma pelas tropas imperiais (1527), Carlos V ainda precisava negociar com as autoridades no interior do Império.

Conscientes das dificuldades do imperador, os príncipes que aderiram a Lutero aproveitaram a Dieta reunida em Spira (ou Speyer, 1526) para obter de Carlos V o esvaziamento de todas as consequências práticas do Edito de Worms. Três anos depois, em março de 1529, os corpos políticos do Império reuniram-se novamente em Dieta na cidade de Speyer. O imperador foi representado por seu irmão, Fernando. Carlos estava consciente de que dependia do apoio dos príncipes luteranos para atingir o principal objetivo da reunião, que era consolidar a luta contra os turcos. Por conta disso, embora pretendesse, a médio prazo, o cancelamento das concessões feitas aos príncipes luteranos na Dieta de 1526, Carlos chegou a indicar a seu irmão uma estratégia mais conciliadora. Fernando, todavia, preferiu ignorar a direção dada por Carlos e insistiu na exigência de conformação dos príncipes luteranos à fé católica.

Os membros da Dieta que optaram por continuar fiéis à Igreja de Roma apoiaram Fernando, conseguindo passar a determinação de que mais nenhum território no âmbito do Império aceitasse a fé luterana. Diante dessa decisão, os príncipes luteranos firmaram o *protesto* que gerou a alcunha *protestante*, termo que se consagrou pelo uso. Acenava-se com a realização de um Concílio que, convocado pelo imperador e pelo papa, deveria dirimir de uma vez por todas a disputa religiosa iniciada por Lutero. O clamor pelo Concílio partia dos mais variados segmentos: humanistas como Erasmo viam nele a única possibilidade de consertar a concórdia na Igreja; integrantes dos círculos mais próximos do imperador, por sua vez, reproduziam essa expectativa; até o fim da década de 1530, a ideia de um Concílio era item da agenda tanto de católicos como de grupos que se separaram de Roma.

Mas o Concílio demorava a realizar-se. O que aconteceu a seguir, e teria importância decisiva para a reforma evangélico-luterana, foi a realização de uma nova Dieta em Augsburgo (1530). Essa foi a ocasião em que os teólogos luteranos apresentaram ao imperador o documento que continha o desenvolvimento mais completo da teologia luterana até aquele momento: a *Confissão de Augsburgo*. O imperador se impacientava. A situação tornava-se mais complexa com o passar do tempo e agora, além de Lutero e seus apoiadores, havia outros que pareciam defender variações das ideias luteranas. Era o caso de Huldrych Zwinglio (1484-1531), cuja pregação agitara a cidade de Zurique e de quem o próprio Lutero discordava na maneira de compreender a Eucaristia; e também o caso de nossos já conhecidos Martin Bucer e Wolfgang Capito, a essa altura mentores da reforma na cidade livre de Estrasburgo. Diante do quadro cada vez mais complicado, Carlos V optou por uma solução drástica: exigir a conformação dos príncipes ao Edito de Worms, com o cancelamento das reformas implementadas, a devolução dos bens eclesiásticos e o respeito à autoridade dos bispos católicos.

A resposta dos príncipes luteranos foi a formação da Liga de Schmalkalden, em fevereiro de 1531. Isso colocou as forças dos príncipes que aderiram a Lutero em confronto aberto com o imperador. Com o passar do tempo, cidades livres do sul dos territórios germânicos, que haviam aderido à reforma em chave luterana ou a partir das variações observadas naquela região, também buscaram o abrigo da Liga.

Embora evitassem confrontos diretos com as forças imperiais, os exércitos da Liga dedicaram-se a garantir a manutenção e a expansão dos esforços reformadores. O bispado de Meissen, o ducado de Brunswick, o ducado de Clèves, as cidades de Minden, Osnabrück, Ratisbona (Regensburg) e Metz tornaram-se luteranos. Mesmo na importante cidade de Münster, principal da Westfália e que esteve sob controle anabatista entre 1534 e 1535, o Conselho municipal obrigou o príncipe-bispo, Franz von Waldeck (1491-1553), a tolerar o luteranismo, tão logo recuperou seu domínio. Essa situação de tolerância, em Münster, durou até 1558.

Em 1541, um colóquio entre teólogos luteranos e católicos na cidade de Ratisbona representou a última grande tentativa de encontrar uma saída de consenso para a situação. O legado papal, cardeal Gasparo Contarini (1483-1542), era simpático ao humanismo erasmiano e muito aberto a um entendimento com os luteranos. Apesar de não chegar a um acordo quanto a uma série de temas (entre eles a autoridade final do papa e a maneira de compreender os sacramentos), o colóquio chegou a uma fórmula de consenso sobre a justificação pela fé. Em grande parte, o acordo deveu-se aos esforços conciliadores de Melanchthon; Lutero, que permaneceu em Wittenberg e era informado dos avanços das conversas, manifestou seu desagrado quanto à formulação. O imperador, que também estava presente em Ratisbona para outra Dieta, tinha esperanças de que um consenso seria possível. O papa, informado por Contarini acerca da fórmula em torno da justificação, recusou-a e voltou a argumentar que o assunto só poderia ser resolvido num Concílio. Ratisbona, a última grande tentativa de se encontrar uma solução teológica para o protesto luterano, terminou em fracasso.

À medida que transcorriam os anos e sucediam-se os lances políticos e os debates teológicos, Lutero permaneceu a maior parte do tempo em Wittenberg. Escrevia compulsivamente; enquanto a Dieta de Augsburgo se realizava, em 1530, ele concluía a sua tradução do Antigo Testamento. A meados da década de 1520 ele havia abandonado o voto de celibato e se casado com uma ex-freira, Catarina von Bora (1499-1552), 15 anos mais nova do que ele. Vivendo nas dependências do que fora o antigo mosteiro agostiniano de Wittenberg, cuja dotação lhe fora entregue para usufruto, viu sua família crescer: ele e Catarina tiveram seis filhos, três homens e três mulheres; quatro deles sobreviveram aos pais. Enquanto isso, os que considerava seus filhos espirituais se multiplicavam em toda parte. Onde quer que surgissem ideias de reforma da Igreja com mínima suspeita de divergir da ortodoxia católica, a alcunha empregada era logo a de "luterano".

Mas, para o antigo monge, as preocupações também se multiplicavam. Ao sul, em Estrasburgo e nos cantões suíços, Lutero via crescer suas desavenças com outros que, como ele, se levantaram com propostas reformadoras. Ele percebia, inquieto, o avanço de noções místicas e iluminadas, semelhantes às que notara durante as agitações de Thomas Müntzer, por parte dos "anabatistas", assim chamados por seus opositores em razão de negarem o batismo realizado na infância. O episódio em que um grupo anabatista assumira o controle da cidade de Münster (1534-1535) permanecia vivo na memória de Lutero: na ocasião, tropas de príncipes luteranos e de príncipes católicos se uniram para conter a sublevação e devolver a cidade ao seu príncipe-bispo católico. Para além de tudo isso havia a ameaça turca, preocupação constante nos discursos imperiais e também nas cogitações de Lutero, que se perguntava com frequência sobre as relações entre essa ameaça e as profecias bíblicas sobre o fim dos tempos.

Não parece justa a afirmação, muitas vezes repetida pela propaganda católica ao longo do século XVI, de que Lutero, gordo por conta de sua entrega aos pecados da gula e do sexo desenfreado, teria vivido seus últimos dias em ébria melancolia. É fato que o monge jovem e magérrimo dos primeiros dias deu lugar a um adulto corpulento; é fato que sua teologia, tão marcada inicialmente pelo ascetismo, modificou-se na direção de uma aceitação positiva do corpo humano e de suas propriedades, inclusive de sua sexualidade. As cartas de Lutero trazem frequentes referências à boa comida e à boa cerveja, e a mesa da refeição cotidiana era, segundo ele, um dos locais preferidos para a expansão do espírito em conversas prolongadas. Para alguns pesquisadores que defendem não ser possível compreender o luteranismo sem compreender Lutero, é importante destacar que seu temperamento forte, sanguíneo, era contrabalançado por períodos de melancolia, como o ocorrido em 1530 por ocasião da morte de seu pai. Mas Lutero mantinha-se ativo e polêmico, atento aos problemas religiosos e às questões seculares no seu entorno.

Foi um problema de natureza secular que o moveu à sua última viagem: no início de 1546, deixou Wittenberg em direção a Eisleben, onde nascera. Os condes de Mansfeld, que foram os primeiros senhores temporais da família Luder, enfrentavam uma disputa e Lutero fora convidado a assumir o papel de árbitro. Ele se sentia fisicamente fraco, mas partiu para a viagem de pouco mais de cem quilômetros. No caminho, ainda pregou em diversas localidades; a última pregação foi em Eisleben, na igreja de Santo André, em 15 de fevereiro de 1546.

Três dias depois, Lutero morreu em plena consciência, provavelmente de complicações cardíacas. Sua morte foi retratada pelos observadores como um exemplo de *ars moriendi*, a "arte de bem morrer": diante da pergunta do ministro religioso que o atendia, "Reverendo padre, desejais manter-vos persistente em Cristo e na doutrina que pregais?", respondeu com um audível "Sim". Morreu rodeado por vários colegas teólogos e na companhia de seus filhos.

O corpo, transportado a Wittenberg, foi sepultado na igreja do castelo, a mesma em cuja porta o monge agostiniano teria fixado suas *95 Teses*. Quando, no ano seguinte, Carlos V derrotou as forças da Liga de Schmalkalden na Batalha de Mühlberg (abril de 1547), o imperador veio a Wittenberg para receber a capitulação da cidade. Na ocasião, Carlos visitou o túmulo de Lutero e ordenou que ele fosse deixado intacto.

A situação tornara-se difícil para as forças protestantes. A vitória de 1547 sobre a Liga de Schmalkalden deu ânimo a Carlos, que obrigou os príncipes protestantes ao "Interim de Augsburgo" (1548). O nome do documento decorre do advérbio latino *"interim"*, "enquanto isso", que abre o texto. A tônica era que, enquanto se aguardava as decisões do Concílio (que tivera início, três anos antes, em Trento), a fé católica deveria voltar a ser observada em todos os territórios que haviam se tornado luteranos; como concessão, o documento autorizava, nesse intervalo, a tolerância ao casamento dos sacerdotes e a prática da Eucaristia com extensão do cálice aos leigos. Essa situação, desfavorável aos príncipes protestantes, acabou revertida pela atuação de um príncipe que, embora luterano, não havia aderido à Liga de Schmalkalden: o jovem duque Maurício (1521-1553), da Saxônia albertina. Maurício abandonara o luteranismo e se pusera ao lado de Carlos na Batalha de Mühlberg, recebendo do imperador, em troca, a dignidade de eleitor. Uma vez investido nessa condição, Maurício voltou-se contra Carlos, que confiara a ele a reconquista da cidade luterana de Magdeburgo (1550), e passou a apoiar novamente os luteranos. Celebrando alianças com o rei da França e com outros príncipes germânicos, Maurício tornou-se o principal empecilho ao projeto de recatolização do Império.

Esses contratempos, somados à persistente ameaça turca na Hungria, obrigaram Carlos a encontrar uma solução que desse fim às disputas religiosas no interior do Império. Tal solução, os juristas imperiais a formularam na *Paz de Augsburgo* (1555). O acordo fixava a norma *cuius regio eius religio*, ou seja, *de quem é o governo, desse é a religião*: a religião praticada pelo príncipe seria imposta a seus súditos. Mas apenas a antiga fé católica e o luteranismo foram incluídos nessa fórmula.

O que representou, de fato, a Paz de Augsburgo? O acordo estabelecia a uniformidade religiosa como critério social básico. Nisso não havia novidade alguma; a ideia de que a religião é o vínculo da sociedade era, de longa data, a concepção básica da *republica christiana*. Excetuando-se aqueles para os quais o próprio pensamento jurídico medieval estendia a noção de *tolerantia* ("tolerância"), dos quais o exemplo mais claro são os judeus, a *republica christiana* nunca conheceu pluralismo religioso. A *tolerantia* implicava uma existência à margem do corpo social, admitidos alguns direitos básicos para a sobrevivência. Podemos afirmar, portanto, que a base do *cuius regio eius religio* encontrava-se na antiga consciência da *republica christiana* e em sua noção de *tolerantia*. Ao invés de criar algo novo, o acordo apenas lutava por reproduzir, no interior da estrutura menor dos principados territoriais, a mesma situação experimentada, antes, nas dimensões maiores da *republica*.

* * *

Como todo fenômeno histórico, a reforma luterana não surgiu "do nada". Brotou num solo há muito fertilizado pelos anseios de *reformatio*, de renovação religiosa. Cresceu entretecida numa teia que incluía dinâmicas políticas orientadas pela lógica de uma sociedade estamental e corporativa, impulsos militares cruzadísticos, luta por prestígio acadêmico e institucional, interesses comerciais (do comércio de obras de arte ao comércio de panfletos) e profunda devoção religiosa. Como pano de fundo, uma sociedade que entendia a si mesma como *republica christiana* e para a qual a religião cristã era elemento central. Nessa confluência de forças em perene tensão, teve impacto inusitado a ousadia de uma pregação que oferecia ao fiel a certeza de salvação, não como resultado de intermináveis exercícios ascéticos, nem à custa da compra de títulos emitidos por Roma, mas em função da fé singela depositada naquilo que se entendia ser a obra realizada por Jesus Cristo. Essa pregação, por sua vez, era respaldada pela sensibilidade humanística e pelos avanços da filologia em matéria de exegese e interpretação do texto bíblico.

Trata-se de um quadro complexo, que o historiador não deve simplificar pela atribuição apressada de causas "políticas" ou "econômicas". Os homens envolvidos na reforma evangélico-luterana e, a bem da verdade, todos aqueles que se empenharam nos diferentes lados das reformas religiosas, comprometeram suas vidas nesses projetos. Talvez por isso seja especialmente importante considerar, no meio de todo o conjunto de fatores, causas e condições que permitiram a emergência desses fenômenos, esse lado bastante pessoal do deslumbramento diante de uma mensagem. Após o debate de Leipzig, ocorrido em 1519, um leigo, Lazarus Spengler (1479-1534), secretário do Conselho da cidade de Nuremberg, reuniu suas impressões sobre o episódio num texto intitulado *Apologia e resposta cristã de um honrado amante da verdade divina da Sagrada Escritura*. Em determinado momento, o autor se expressa como segue: "Se o ensinamento de Lutero está de acordo com a razão e a ordenação cristã, é algo que deixo ao julgamento de cada indivíduo devoto e racional. Mas uma coisa sei: embora não me considere especialmente qualificado ou instruído nesses assuntos, nunca, por toda a minha vida, conheci nenhuma doutrina ou sermão que penetrasse com tanta força em minha mente". Podemos crer que o testemunho de Spengler reproduz o que poderia ser dado por muitos homens e mulheres naquele contexto.

A vertente reformada

A REFORMA NAS CIDADES LIVRES E NOS CANTÕES SUÍÇOS

Enquanto o movimento luterano recebeu a alcunha de "evangélico", o designativo "reformado" foi aplicado com regularidade a outros grupos, atravessados por algumas características em comum. E esses grupos foram precisamente aqueles dos quais Martinho Lutero divergiu acerca da compreensão da Eucaristia.

Huldrych Zwinglio (1484-1531) teve, como Lutero, origem num meio camponês que prosperou: seu pai era um fazendeiro que conseguiu se tornar o principal cidadão de Wildhaus, no vale de Toggenburg (Alpes orientais). Tanto Lutero quanto Zwinglio falavam alemão, embora Lutero o fizesse no dialeto saxônico enquanto Zwinglio falava o *Schweizerdeutsch*, o dialeto alemão dos cantões suíços. Saxônicos como Lutero comumente desprezavam *die Schweizer*, "os suíços", que de hábito se mostravam ressentidos com isso.

A formação universitária de Zwinglio, marcada pela escolástica, transcorreu em Viena e em Basileia. No entanto, Zwinglio excedeu Lutero na absorção dos procedimentos humanísticos. Ele admirava Erasmo e se serviu, a partir de 1516, da edição do Novo Testamento que Erasmo preparou (o chamado *Novum Instrumentum*). As relativizações que Erasmo fazia dos rituais, enfatizando que eles dependem, sempre, da realidade interior experimentada pelo fiel, produziram uma marca muito profunda em Zwinglio.

O contexto urbano de Zwinglio diferia do experimentado por Lutero. Zurique, onde Zwinglio, a partir de 1518, se tornou pároco, era uma das principais cidades dos cantões suíços que, nos dois séculos anteriores, haviam conquistado, junto ao poder imperial, direitos de autogoverno. Tratava-se de uma cidade orgulhosa de suas liberdades, gerida por um Conselho cujos "síndicos" representavam os corpos políticos da cidade: guildas, corporações de ofícios, mestres-escola, magistrados, artesãos, manufatureiros e proprietários rurais. Os escritos de Zwinglio mostram o quanto ele valorizava essas tradições de governo. Ao mesmo tempo, ele se destacou como ministro religioso. Zwinglio compartilhou do ambiente comum àquela época, saturado de expectativa por uma reforma religiosa. Mas houve, também, o contato com as ideias de Lutero. Zwinglio abraçou a noção luterana de *justificação somente pela fé* e começou, junto ao Conselho municipal, sua campanha por uma reforma da Igreja em Zurique.

Em 1521, o Conselho atendeu a uma reivindicação de Zwinglio e instituiu as Escrituras Sagradas como única base para as pregações na cidade. Em 1523, Zwinglio apresentou ao Conselho municipal suas *67 Teses*, nas quais estabelecia com clareza suas divergências em relação a Roma. O Conselho não apenas aceitou o documento como incentivou Zwinglio a prosseguir em seus esforços de reforma. Houve uma simplificação radical do ambiente e dos procedimentos relacionados ao culto: as imagens de santos e anjos foram removidas; tendo em vista o zelo pela simplicidade, velas, castiçais, ornamentos de prata e ouro foram retirados e proibiu-se qualquer forma de música no culto; a Eucaristia passou a ser servida ao povo em duas espécies, pão e vinho, mas em pratos e cálices de madeira. Reconheciam-se apenas dois sacramentos, o Batismo e a Eucaristia, e o altar da missa foi substituído por uma mesa simples, sobre a qual eram dispostos os elementos eucarísticos.

Foi a propósito da Eucaristia ou Ceia do Senhor que Zwinglio e Lutero se desentenderam. Lutero insistia que, na Ceia, a presença real de Cristo se dava mediante um milagre: pão e vinho mantinham suas substâncias, mas passavam a comportar também as substâncias do corpo e do sangue do Senhor. O reformador ainda lutava com concepções oriundas da teologia escolástica. A teologia eucarística católica se consumara, no século XIII, a partir de uma linguagem aristotélico-escolástica: pão e vinho conservavam seus "acidentes", ou seja, sua aparência externa, enquanto sofriam, com a consagração, uma transformação em suas "substâncias". Conhecedor do pensamento tomista, mas muito marcado pela abordagem humanística, Zwinglio não teve dificuldades em superar essas categorias. Para ele, o milagre eucarístico não se passa nos elementos, pão e vinho, mas no coração do fiel, que é alimentado pela rememoração do sacrifício realizado por Cristo. Zwinglio rejeitou toda noção de uma presença "material" de Cristo nos elementos da Ceia e frisou seu caráter simbólico. Por conta disso, ele e seus seguidores foram alcunhados "sacramentários" pelos luteranos (*sacramentum*, que no latim clássico possuía o sentido de "penhor", seria "sinal" ou "símbolo" a indicar uma realidade para além do objeto material).

O humanismo filológico de Zwinglio transparecia no tratamento que ele dispensava às palavras proferidas por Jesus na instituição da Ceia, "Este é o meu corpo"; "Este é o meu sangue" (ver Mateus 26:26-28): os termos deveriam ser entendidos metaforicamente, assim como eram compreendidas passagens como João 15:1 ("Eu sou a videira verdadeira").

Lutero não aprovava o que lhe parecia excesso de subjetivismo nessa postura. Para Lutero, a Ceia tinha um caráter objetivo em termos de recepção e absorção de Cristo; tal caráter parecia ficar comprometido nos quadros de uma interpretação que via a realidade da Ceia, sobretudo, em termos "interiores".

Enquanto Zwinglio prosseguia em sua reforma, a polêmica com Lutero passou a ocupar as prensas editoriais. O reformador de Wittenberg mirou simultaneamente Zwinglio e Karlstadt ao compor seu panfleto *Contra os profetas celestes* (1525), onde chamou a ambos de *Schwarmgeister*, "fanáticos". Assustava a Lutero a semelhança entre o ponto de vista de Zwinglio sobre a Ceia, com sua opção radical pela interioridade, e aquilo que ele vira entre os seguidores de Thomas Müntzer. E a semelhança, de fato, não passou despercebida a outros. Nesses anos da primeira metade da década de 1520, muitos futuros "anabatistas" e "iluminados" foram a Zurique para ouvir as preleções de Zwinglio; para esses ouvintes, foi fácil conectar, às suas propensões místicas, a ênfase de Zwinglio na interioridade. Numa época de intensa fermentação religiosa, tais associações levavam com facilidade à produção de novos ideários, vistos com suspeita por opositores como "fanatismo entusiasta".

Para a autoridade imperial, os debates entre Lutero e Zwinglio soavam incompreensíveis. Já os príncipes germânicos que simpatizavam com Lutero desejavam evitar tais discordâncias e apresentar-se, diante do imperador, da forma mais unida possível, visto que o que se passava em Zurique também influenciava o que acontecia em Estrasburgo e noutras grandes cidades livres do Império. Por iniciativa de alguns desses príncipes, reuniu-se em Marburg, em 1529, um colóquio entre os adeptos de Lutero e de Zwinglio. No entanto, foi impossível fazê-los concordar quanto ao quesito eucarístico. A desavença persistiu na Dieta de Augsburgo, em 1530, quando os zwinglianos e os reformadores de Estrasburgo apresentaram ao imperador confissões de fé diferentes daquela preparada pelos luteranos.

Enquanto isso, a situação tornava-se mais tensa nos cantões suíços. Zwinglio se opunha ao aluguel de tropas mercenárias, atividade que era fonte de lucro para muitos senhores, em especial nas zonas rurais. O conflito estourou entre os citadinos protestantes e os bolsões de resistência católica existentes nessas regiões interioranas. Zwinglio, ardoroso propagandista dos escritos de Erasmo contra as frequentes guerras que varriam o continente, tombou na Batalha de Kappel (1531).

O sucessor de Zwinglio em Zurique foi Heinrich Bullinger (1504-1575). Passado o conflito, a estrutura fortemente representativa da política municipal garantiu que Zurique continuasse protestante. Enquanto isso, o modelo proposto por Zwinglio disseminou-se pelos cantões de fala alemã, atingindo também cidades livres no interior do Império. Em Basileia, Johann Hausschein (1482-1531), conhecido como Ecolampádio ("lâmpada do lar", tradução grega de *Hausschein*), vinha realizando um trabalho semelhante ao desenvolvido em Zurique. Pregador principal na catedral de Basileia desde 1515, amigo e correspondente de Erasmo, abraçou as ideias de reforma e, também em diálogo com o Conselho da cidade, simplificou o culto, que passou a ser totalmente celebrado em vernáculo, rejeitou as imagens e a devoção mariana, privilegiou a exposição bíblica e defendeu a perspectiva zwingliana acerca da Eucaristia. Em Berna, trabalho semelhante foi conduzido por Berthold Haller (1492-1536). Nessas cidades, a participação popular se fazia muito frequente, com pressões sobre os Conselhos municipais para que medidas reformadoras fossem adotadas.

Estrasburgo, cidade livre do Império, foi palco da atuação de Martin Bucer (1491-1551). Já encontramos Bucer em Heidelberg em 1518, quando assistiu fascinado ao discurso de Martinho Lutero. Tornou-se o pregador mais popular na catedral de Estrasburgo, ao mesmo tempo que combinava em suas ideias os valores humanistas e um apego consistente à Bíblia. Bucer deu forma precisa à eclesiologia que recebeu de Zwinglio: para Bucer, a Igreja é uma realidade invisível; o que existe em termos visíveis são as igrejas locais, moldadas pelas normas das Escrituras, mas com margem para as características e idiossincrasias de cada lugar.

Ao lado de Bucer, cooperaram em Estrasburgo Wolfgang Capito, que estivera com Bucer em Heidelberg, e o humanista e homem público Jacob Sturm (1489-1553). Como membro do Conselho municipal, Sturm representava a cidade nas Dietas imperiais, o que lhe deu ocasião para agir em defesa dos interesses protestantes; sua formação e sua experiência política comunicaram a ele algumas qualidades práticas, como a paciência e a moderação. Capito, por seu lado, nutria simpatia pelas posições que, posteriormente, seriam chamadas genericamente de "anabatistas"; era um dos principais interlocutores desses místicos que, oriundos em sua maioria dos Países Baixos, sentiam-se atraídos pelas posturas "sacramentárias" defendidas em Estrasburgo. No entanto, Capito nunca se filiou abertamente a esses grupos. Ele morreu em Estrasburgo, tendo desposado Wibrandis Rosenblatt (1504-1564), a viúva de Ecolampádio, de Basileia. Após a morte de Capito, Wibrandis tornou-se esposa de Bucer, o que mostra como as lideranças reformadoras nessas cidades viviam em íntimas relações.

Após a derrota protestante em Mühlberg (1547), o Conselho de Estrasburgo impôs a Bucer a teologia luterana, com implicações no quesito eucarístico que o reformador não quis aceitar. Isso o levou a exilar-se na Inglaterra, onde morreu, mas não antes de deixar sua própria contribuição para a reforma inglesa.

A Confederação Suíça em 1519

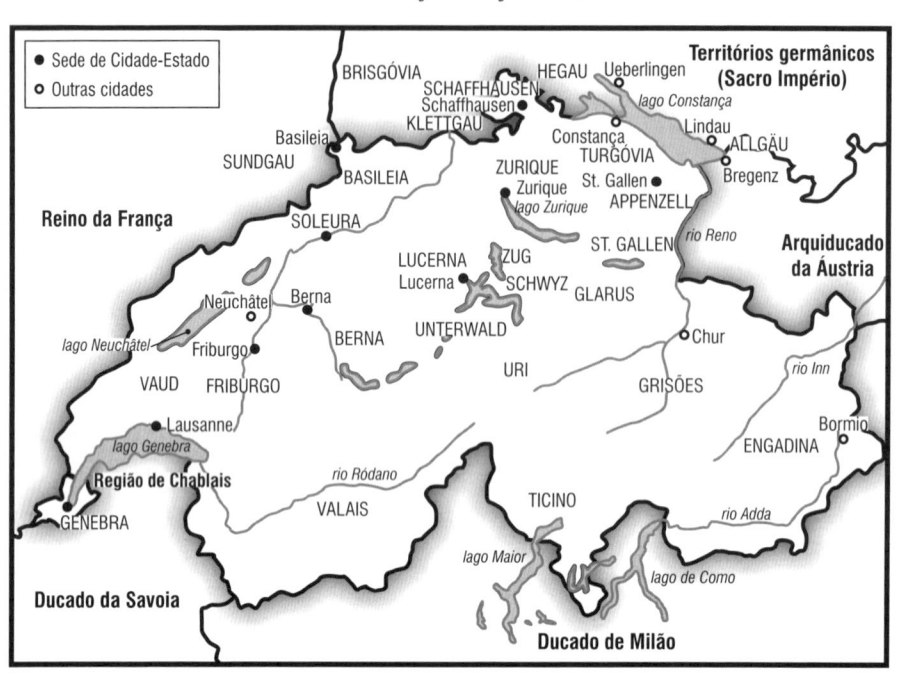

Os nomes em caixa alta indicam os cantões (Estados soberanos) integrantes da Confederação

A REFORMA COMO PROJETO TEOLÓGICO-POLÍTICO TOTAL

Nos cantões suíços e em cidades livres do Império como Estrasburgo, a reforma religiosa foi implantada, em geral, por uma ação conjunta: a pressão popular e o patrocínio dos Conselhos municipais. Dadas as tradições de forte participação e representatividade política, os anseios da sociedade repercutiam nos Conselhos, os quais não tardaram em implementar as práticas reformadoras.

É importante compreender o caráter específico que a relação das igrejas recém-reformadas com a autoridade civil ganhou nessas localidades. Vale recordar o que vimos por ocasião da reforma evangélico-luterana. Para Lutero, a Igreja devia total submissão ao poder civil, observada a distinção presente na doutrina dos "dois reinos": a autoridade civil existe por força do pecado e sua esfera de atuação é a existência externa do fiel; o Evangelho, por sua vez, diz respeito ao reino da graça, não ao reino do pecado, e governa a consciência do cristão.

Na concepção de Zwinglio, bastante difundida nas regiões suíças, o governo da Igreja também era subordinado aos magistrados civis, mas numa dinâmica que não reconhecia a distinção entre os "dois reinos". Ao contrário da separação defendida por essa doutrina, passou a vigorar ali uma perspectiva monista de sociedade onde a fusão entre as magistraturas civil e religiosa impedia, à moda do que se dava no Império Bizantino, a constituição de duas esferas de atribuições autônomas, a sagrada e a secular.

É notável a complexidade do cenário que se desenhou em termos teológico-políticos. Nos cantões suíços e nas cidades livres, a antiga dinâmica organológica, representada pela articulação dos múltiplos corpos políticos no Conselho municipal, era vivenciada ao máximo; ao mesmo tempo, a doutrina era formulada de modo a negar a longeva separação entre autoridade civil e autoridade religiosa. Nos territórios principescos do Império onde prevalecia a reforma evangélico-luterana, a dualidade de esferas era mantida, embora exacerbada pela lógica "externo/interno" exigida pela doutrina luterana dos "dois reinos"; ao mesmo tempo, as dinâmicas organológicas eram simultaneamente valorizadas e enfraquecidas: eram valorizadas no que dizia respeito à relação com o poder imperial (os príncipes se esforçavam por sublinhar sua independência a partir dos antigos direitos e privilégios corporativos), mas eram enfraquecidas no interior dos próprios principados, onde as expressões municipais dos múltiplos corpos contavam menos diante da autoridade dos príncipes.

Em suma, enquanto nos territórios principescos do Império prevaleceu o modelo de uma reforma encabeçada pelos príncipes e que resultou em Igrejas territoriais, com confissões de fé específicas (embora fundamentalmente luteranas) para cada território, nas grandes cidades livres e nos cantões suíços, locais de forte tradição comunal, o modelo foi diferente: a cidade como um todo, unidas as magistraturas civil e eclesiástica, tornou-se Igreja. Isso nos permite entender por que razão, nessas cidades, e em contrário à aparente convergência entre a abordagem sacramentária e algumas ênfases dos chamados "anabatistas", o batismo infantil (*pedobatismo*) continuou a ser praticado de forma estrita. Se para a totalidade da Cristandade o batismo, recebido na infância, era desde longa data o sinal de ingresso tanto na comunidade religiosa quanto na sociedade política, tal identificação fazia ainda mais sentido num contexto em que as fronteiras entre "Igreja" e "sociedade" tornavam-se indistintas. Ao mesmo tempo, isso explica os movimentos apaixonados das populações citadinas, que não raro pediam a expulsão dos que não aceitassem o credo reformado. Em várias dessas cidades a expulsão dos católicos foi solicitada pelas guildas de artesãos, em geral representantes dos anseios do povo comum, sob a alegação de que a presença dos "idólatras" traria a ira de Deus sobre a comunidade.

Essa forma monista de conceber a sociedade, onde o civil e o religioso se mesclavam de forma inusitada (ao invés da dualidade de esferas característica da *respublica christiana*), revelou-se atrativa para grupos com inclinações apocalípticas. Apesar das discordâncias posteriores – muitos "iluminados", atraídos pela pregação de Zwinglio e de seus companheiros, se afastaram ao perceber a falta de disposição deles para "ir até o fim" na reforma –, é significativo constatar que os chamados "anabatistas" reproduziram em seus conventículos uma concepção de sociedade igualmente monista. Para os anabatistas, que se enxergavam, em geral, como atores estratégicos nos planos escatológicos de Deus, Igreja e sociedade se confundiam numa única realidade, a "Nova Jerusalém" da qual os "ímpios" deviam ser banidos. O exemplo paradigmático foi a cidade de Münster sob controle anabatista entre 1534 e 1535. Embora a experiência de reforma nos cantões suíços e cidades livres não tenha levado às últimas consequências tal lógica, sua configuração, monista em termos teológico-políticos, cooperou para a emergência desses movimentos.

GENEBRA

Uma parte dos cantões suíços falava francês e, ali, a reforma nos moldes propostos por Zwinglio também se efetivou. A convite de Berthold Haller, o reformador de Berna, Guillaume Farel (1489-1565) dirigiu-se aos territórios francófonos, começando pelo cantão de Vaud, à época governado em parte pela municipalidade de Berna, enquanto a outra parte respondia ao ducado católico da Savoia. Apesar da oposição do duque de Savoia, iniciativas de reforma foram férteis na porção do cantão sujeita a Berna, que incluía as grandes cidades de Neuchâtel e Lausanne.

Em Lausanne, a implementação da reforma religiosa começou lentamente, com a pregação reformada sendo tolerada na cidade ao mesmo tempo em que o culto católico era mantido. Havia, contudo, resistências entre os diferentes corpos que compunham o Conselho, sobretudo em função de que as iniciativas de reforma eram relacionadas ao governo bernês, cuja autoridade não era bem-vista por todos. O exercício da pregação reformada fora confiado ao jovem Pierre Viret (1511-1571), a quem Farel encarregou, em 1536, de permanecer na cidade como pastor da minoria que se nomeava "evangélica". Aparentemente, essa pregação ganhou terreno na cidade ao longo desse ano. Como resultado da propaganda religiosa, sob pressão de Berna, o Conselho municipal decidiu pela realização de uma "disputa", um debate, que deveria selar o destino religioso de Lausanne.

A decisão do Conselho, convocando tanto os partidários da fé católica, "padres, monges e gente da Igreja", como os pregadores evangélicos, foi publicada em 16 de julho de 1536, fixando a data do debate para o dia 1º de outubro do mesmo ano. Nesse dia, a população reuniu-se em peso na catedral de Lausanne para acompanhar a discussão. Do lado católico, 337 padres, monges e demais eclesiásticos haviam sido convocados; 174 compareceram. De 40 casas religiosas (ordens e irmandades) convocadas, apenas 10 enviaram emissários. Na representação evangélica, ao lado de Guillaume Farel e Pierre Viret estavam Antoine Marcourt (1490-1561), pregador em Neuchâtel, Pierre Caroli (1480-c.1545), posteriormente nomeado pelo Conselho para o pastorado em Lausanne, e João Calvino (1509-1564).

A disputa durou oito dias. Ao se concluir, no dia 8 de outubro, um domingo, alguns dos principais advogados do partido católico declararam-se convencidos acerca das teses evangélicas: Gérard Pariat e Claude Clementis, agostinianos, Jean Mimard, Jacques Drogy (que afirmou: "Sei que serei excomungado, e, contudo, acabo de descobrir a verdade") e outros. Nos três meses que se seguiram à disputa, romperam com Roma os abades dos mosteiros de Bon Mont, de Haut Crêt e do Lac de Joux, além de outros 200 clérigos católicos.

Com a fé evangélica formalmente aceita pelo Conselho de Lausanne, a propagação da reforma intensificou-se. Farel prosseguiu, dedicando-se à cidade de Genebra, onde a pregação reformada tinha penetrado através de François Lambert (1486-1530), originário de Avignon, e de Antoine Froment (1508-1581), natural de Mens (no Isère, sudoeste do território francês). Mas, no que tange a Genebra, Farel se notabilizou por ser o responsável pela permanência de João Calvino na cidade.

Calvino nasceu a 10 de julho de 1509, em Noyon, na Picardia francesa. Seus 26 anos a menos do que Lutero situam-no naquela que é chamada de "a segunda geração da reforma". Filho da burguesia, foi dirigido pelo pai, Gérard Calvin, para o estudo do Direito. Para isso, seguiu cursos no Collège de Montaigu, em Paris, depois em Orléans (1528-1529) e na Universidade de Bourges (1529-1531). Esta última fora remodelada pela irmã do rei Francisco I, Marguerite d'Angoulême (1492-1549), tendo se tornado um lugar favorável às novas ideias religiosas. Foi ali que Calvino conheceu Melchior Wolmar (1497-1560), jurista oriundo de Wurtemberg e luterano. De volta a Paris, Calvino achava-se encantado pelo saber humanista: em 1532, publicou seu primeiro trabalho, um comentário sobre o *De clementia* ("Sobre a clemência") de Sêneca.

Estima-se que em 1533, de volta a Orléans para obter o título de doutor, Calvino já havia abraçado as novas ideias religiosas. O ano de 1534 foi turbulento na França para os que se afinavam com tais posturas: após o episódio dos "cartazes" (*"placards"*), espalhados por Paris e por outras cidades francesas (17 para 18 de outubro de 1534) e que desancavam a concepção católica da Eucaristia, houve perseguições e muitos que eram reconhecidos como simpatizantes das ideias evangélicas foram obrigados a fugir.

Por causa do episódio dos "cartazes", Calvino teve que deixar a França, onde os simpatizantes da reforma eram chamados, de forma genérica, de "luteranos". No entanto, todo o teor dos cartazes, com sua argumentação contra a presença física de Cristo no sacramento eucarístico, denunciava não o luteranismo, mas as posturas teológicas de Zwinglio como sua fonte principal de inspiração. Por trás desse evento estava a figura de Antoine Marcourt, já então pregador em Neuchâtel: o mesmo Marcourt que, dois anos depois, participou do debate que selou o destino religioso de Lausanne. Qualquer que tenha sido, portanto, o contato prévio de Calvino com o luteranismo, já em 1534 ele pendia nitidamente para a postura "reformada": as posições de Zwinglio, Bucer, Ecolampádio e Farel. Não é de se estranhar que, ao deixar a França, ele tenha escolhido Basileia como destino.

Foi em Basileia que Calvino, no ano seguinte, concluiu a primeira versão de sua obra máxima, *Christianae religionis institutio* ("A Instrução na Religião Cristã"). Era ainda um mero esboço, perto da versão definitiva, que ele concluiria em 1559 em latim, traduzindo-a em seguida para o francês. Entre a conclusão do texto em 1535 e sua publicação no ano seguinte, Calvino deteve-se brevemente na corte da duquesa Renée de Ferrara. Pretendia seguir para Estrasburgo; no caminho, parou em Genebra, onde teve seu primeiro encontro com Guillaume Farel. Isso aconteceu em julho de 1536.

A cidade vivia um momento delicado. Genebra, os demais cantões suíços e as cidades imperiais livres estavam sob a autoridade do Império, de quem obtiveram, em diferentes circunstâncias e em distintas configurações, seus foros de autogoverno. No frigir dos ovos da prática política, contudo, era com outros senhores que elas precisavam lidar a fim de conservar a autonomia conquistada. Em 1536, Genebra saía de uma dessas situações difíceis, tendo negociado a manutenção de sua autonomia com o ducado da Savóia, que a ameaçava por um lado, e com Berna, cuja influência nos cantões "romanos" (*la Suisse romande*, como eram chamados os cantões de fala francesa) crescia cada vez mais.

No meio dessas turbulências, Genebra optara pela reforma nos moldes propagandeados por Berna. A Farel, contudo, a situação estava longe de ser satisfatória: para ele, a cidade preocupava-se mais com prazeres do que com a prática da religião. Carecia de um trabalho intenso de pregação e doutrinação na fé, para que as multidões que frequentavam suas igrejas o fizessem com inteireza de convicção e de vontade. E Farel, que anteriormente havia detectado potencial no jovem Pierre Viret, entendeu que o jovem João Calvino era a pessoa certa para esse contexto.

O apelo de Farel a Calvino (1536)

"Para ir a Estrasburgo, deliberei passar por aqui [Genebra] muito rapidamente, sem me deter na cidade mais do que uma noite. Mas alguém me reconheceu e me anunciou aos outros. Foi quando Farel, que queimava com um maravilhoso zelo por fazer avançar o evangelho, fez todos os esforços para me reter.

[Farel finalmente se levantou e disse:] 'Quanto a mim, eu te declaro, em nome do Deus todo-poderoso: tu alegas teus estudos; se tu te recusas a dedicar-te aqui, juntamente conosco, a esta obra do Senhor, Deus te amaldiçoará, pois tu te buscas a ti mesmo, ao invés de buscar a Cristo'. Aquelas palavras me abalaram de tal modo que eu desisti da viagem que tinha planejado [...] como se Deus mesmo, lá do alto, tivesse estendido Sua mão para me reter."

João Calvino, in *Calvini opera*, t. XXXI, p. 26.

Confrontado por Farel, Calvino abandonou os planos de dedicar-se apenas à erudição teológico-humanística e assumiu a tarefa pastoral em Genebra. Em dezembro de 1536, Farel e Calvino apresentaram ao Conselho de Genebra uma série de proposições preparadas pelos pastores da cidade. Nesse documento, afirmava-se a submissão da Igreja à autoridade dos magistrados civis, como se fazia nos demais cantões, mas incluía-se uma nota que obrigava a autoridade civil a acatar as orientações dos pastores, quando conformes à Palavra de Deus. Juntamente com essas proposições, foi submetida ao Conselho uma *Instrução e confissão de fé de uso na Igreja de Genebra*, que deveria ser subscrita por todos os habitantes da cidade. No próprio Conselho, levantaram-se restrições a esses documentos em função de sua rígida disciplina.

Mas foi um tema relacionado à Eucaristia que ocasionou, nesse contexto, uma primeira derrota para Calvino e Farel. A questão colocada era se a Ceia do Senhor deveria ser dada a todos que se apresentassem para recebê-la. Farel e Calvino entendiam que pessoas de vida irregular, que se furtassem à disciplina proposta, deveriam ser impedidas de participar do sacramento. O Conselho decidiu contrariamente aos pastores e, como resultado, em março de 1538 Farel e Calvino foram obrigados a deixar a cidade.

Retrato de João Calvino
(anônimo, c. 1550).
Óleo sobre painel, 44,5x37cm.
[Museum Catharijneconvent, Utrecht]

Calvino dirigiu-se a Estrasburgo, onde foi acolhido por Martin Bucer e Wolfgang Capito. Ali ele assumiu o trabalho de pastorear os refugiados franceses e de ensinar Teologia. Em Estrasburgo, Calvino se casou com Idelette de Boer (1505-1549), viúva oriunda dos Países Baixos do norte, e concluiu várias obras: uma nova versão em latim da *Christianae religionis institutio* (1539), uma tradução dessa versão para o francês (1541), um comentário à Carta de Paulo aos Romanos e um *Tratado sobre a Santa Ceia*.

Em 1541, Calvino foi chamado de volta a Genebra pelo mesmo Conselho que o expulsara. A seu favor militou, sem dúvida, a fama adquirida entre as Igrejas reformadas dos cantões. Mas nem tudo foi tranquilo em seu retorno. O próprio Calvino afirmava temer Genebra "mais do que qualquer outro lugar debaixo do céu". Apresentou então aos magistrados suas *Ordonnances Ecclésiastiques*, texto que teria grande importância na configuração de seu projeto de reforma.

Segundo esse modelo, aos *pastores* caberia a pregação regular das Escrituras, duas vezes a cada domingo e pelo menos uma vez ao longo da semana, bem como a celebração da Ceia do Senhor. Calvino queria a Ceia celebrada semanalmente em cada igreja; o Conselho vetou esse desejo e autorizou apenas uma celebração da Ceia a cada quatro meses. Também competia aos pastores o cuidado do rebanho, no que dizia respeito à supervisão de sua saúde espiritual. Aos *mestres* ou *doutores* cabiam o ensino das primeiras letras às crianças e a ministração de conhecimentos bíblicos aos adultos. Neste particular, palestras sobre o Antigo e o Novo Testamentos deveriam ser oferecidas todas as segundas, quartas e sextas-feiras. A ordem dos doutores funcionou com oscilações, sobretudo devido às dificuldades para se obter pessoal capacitado para o ensino; esse trabalho se estabilizou apenas a partir de 1559, com a instalação da *Academia* por Calvino. Destinada à formação de pastores, a *Academia* foi o núcleo da futura Universidade de Genebra.

A terceira ordem instituída por Calvino era a dos *anciãos* ou *presbíteros*. Em cada distrito da cidade, um ou dois anciãos exerceriam supervisão sobre o rebanho, com atenção especial para os casos de indisciplina e de vida irregular. Esses oficiais leigos compunham, junto com os pastores e doutores, o *Consistório* ("conselho") encarregado de cuidar da disciplina eclesiástica na cidade.

A quarta e última ordem pretendida por Calvino era a dos *diáconos*. Sua ocupação seria o bem-estar material do rebanho: deveriam responder pelos hospitais, pelo gerenciamento dos asilos e casas de caridade.

O Conselho não se dobrou inteiramente às *Ordonnances*. A ordem dos diáconos nunca foi implementada; hospitais e asilos continuaram sendo geridos pelo Conselho municipal. E, mais significativo, o Conselho demorou a entregar ao Consistório o direito de excomunhão, que continuou sob alçada civil até 1555. É digno de nota que Calvino tenha permanecido um estrangeiro em Genebra; nunca foi concedido a ele o título de cidadão e, para todos os efeitos, ele era apenas um funcionário do Conselho municipal.

Após a volta de Calvino para Genebra, seguiram-se duas décadas de intenso trabalho. Calvino pregava diversas vezes por semana e escrevia compulsivamente: sermões, tratados, comentários ao texto bíblico, milhares de cartas. Enquanto isso, lidava com crises frequentes. Os insatisfeitos com seu retorno – em boa parte os mesmos que trabalharam por sua expulsão em 1538 – continuaram a criticá-lo. Esse grupo, que se identificava como "libertinos", opunha-se a boa parte dos controles morais impostos pelos pastores através da pregação e da supervisão eclesiástica. Essa supervisão se preocupava em identificar, na população, o desrespeito aos Dez Mandamentos bíblicos, bem como a prática de atos considerados inadequados (o luxo excessivo, a falta de recato, o envolvimento com danças e jogos de cartas); também eram alvo desse controle disciplinar quaisquer práticas da antiga fé católica que subsistissem entre a população.

A proeminência adquirida por Calvino através de suas obras ultrapassou os limites dos cantões suíços de fala francesa. Esse fato acabou por colocar Calvino sob constante exposição. Sébastien Castellion (1515-1563), que trabalhara como doutor em Genebra, afastou-se posteriormente de Calvino e tornou-se crítico da disciplina praticada na cidade. Jérome-Hermès Bolsec (?-c.1584), carmelita que abandonara o catolicismo pelo protestantismo ainda na década de 1540, divergiu publicamente de Calvino em matéria teológica e foi expulso de Genebra pelo Conselho da cidade. Posteriormente, retornou ao catolicismo.

Mas o caso mais complexo foi o do espanhol Miguel Serveto (c.1511-1553). Médico, descobridor da pequena circulação sanguínea (ou circulação pulmonar), Serveto era também inclinado a concepções que, à época, eram tidas como "anabatistas". Tendo negado a fé na Santíssima Trindade, dogma fundamental da fé cristã tanto para católicos como para protestantes, Serveto já era procurado pela Inquisição espanhola. Também fora condenado à morte por um tribunal francês em razão da mesma crença. Por que esse homem, procurado em vários locais da Europa, decidiu mudar-se para Genebra? Serveto chegou incógnito à cidade em 1553, mesmo ano em que publicara seu livro *Christianismi restitutio* ("Restauração do cristianismo"); mas, logo em seguida, tomou assento publicamente na catedral de São Pedro, onde Calvino estava pregando. Foi imediatamente preso por ordem do Conselho, que se apressou em julgá-lo.

As sessões de julgamento de Serveto foram presididas por Ami Perrin (1500-1561), conselheiro municipal que era, também, líder da facção dos "libertinos", os principais opositores de Calvino. Isso deve ter contribuído para aumentar a severidade da sentença: quando Calvino apresentou uma petição solicitando uma pena menos cruel para o condenado (decapitação, ao invés de morte na fogueira), Perrin recusou-se. Serveto foi queimado em 27 de outubro de 1553.

Para alguns estudiosos, Serveto buscava deliberadamente o martírio; a morte seria seu discurso definitivo em prol de suas ideias. Num contexto onde a imagem do martírio estava presente com frequência, essa interpretação, capaz de explicar por que ele se expôs daquela maneira numa cidade onde sabidamente seria preso, é uma possibilidade que não pode ser descartada. Um detalhe do ocorrido com Lutero ao ser convocado a se apresentar diante da Dieta reunida em Worms pode nos ajudar a compreender esse aspecto. Quando surgiram os rumores de que seria convocado a comparecer perante a Dieta, Lutero escreveu a um amigo que, para se retratar, ele não iria a Worms; todavia, se fosse convocado para ser condenado como herege e executado, ele afirmou que "se ofereceria a ir". A forma gramatical escolhida por ele nessa correspondência escrita em latim, *offeram me venturum*, carregava uma vinculação muito forte com a ideia de *martírio* enquanto oferecimento de um testemunho final. O verbo latino *offero* tem o sentido de "trazer diante, apresentar, oferecer, mostrar", enquanto a palavra grega *martys* significa "testemunha". E Lutero acrescentou: "meu Cristo me dará o espírito para que, vivendo, eu derrote aqueles ministros de Satã e, morrendo, eu seja vitorioso".

A mesma lógica pode ter orientado os passos de Serveto na direção de Genebra, fazendo da cidade o lugar onde seu testemunho (grego *martyrion*) seria ouvido. Se quisermos compreender as atitudes de homens que viviam num século em que a religião ocupava espaço tão prioritário, precisamos desse esforço de distanciamento, que exige não encararmos o assunto a partir de nossa sensibilidade contemporânea.

UMA OUTRA VIA EM TERMOS TEOLÓGICO-POLÍTICOS

As proposições apresentadas por Farel e Calvino ao Conselho de Genebra em 1536 incluíam, como vimos, a obrigação, por parte dos magistrados, de acatar as decisões dos pastores quando conformes à Palavra de Deus. Esse pequeno detalhe estabeleceu uma diferença importante em relação ao modelo implementado nos demais cantões suíços, no que tange às relações entre poder civil e autoridade religiosa.

Calvino não questionou a necessidade de obediência à autoridade civil. Na *Christianae religionis institutio*, estabeleceu muito claramente o que, na sua opinião, eram os contornos e limites dessa obediência (Tomo II, Livro IV, Capítulo XX). Para ele, as magistraturas civil e religiosa deveriam colaborar de forma igual e orgânica; a disciplina externa pertence ao magistrado público, mas a magistratura civil não pode intervir nas questões internas de fé e nos assuntos da Igreja. Estamos, portanto, diante de uma postura diversa daquela que encontramos no luteranismo, onde o príncipe arbitrava inclusive sobre doutrina, e no modelo zwingliano, com seu total amálgama entre as esferas secular e religiosa.

No modelo calvinista, a Igreja deveria assumir o papel de conselheira moral do poder civil, uma vez que apenas ela seria capaz de exprimir o "clamor do povo" (*le cri du peuple*) e a direção divina (a partir das Escrituras Sagradas). Essa concepção dava aos magistrados eclesiásticos (os *pastores*, em conjunto com os *consistórios*) um papel bastante definido na orientação dos princípios de convivência social. O que se pretendia era uma atuação mais autônoma e abrangente do magistério religioso, frente à magistratura civil, do que se observava nos demais cantões suíços.

É lícito perguntar em que medida esse projeto alcançou efetividade histórica. Mesmo em Genebra, não podemos falar de uma aceitação tranquila e contínua dessas ideias. A partir da década de 1550 o papel desempenhado pelo Consistório ganhou importância; a penetração da doutrina reformada no Conselho municipal, que passou a se mostrar bastante zeloso da disciplina religiosa, atesta o quanto o magistério eclesiástico agiu no tocante à formação das consciências. Mesmo assim, as relações com o poder civil estiveram sujeitas a oscilações frequentes e a mudanças de tom, nos diferentes lugares em que o modelo calvinista foi implementado.

Mas a reserva estabelecida por esse modelo – o limite colocado ao poder civil, no sentido de não poder interferir nos assuntos de doutrina e de disciplina eclesiástica – preparou o caminho para um calvinismo que encontraria suas expressões mais pujantes em milhares de igrejas espalhadas pela França, pela Inglaterra, Escócia e Irlanda, por diferentes territórios germânicos, pela Europa de leste e, finalmente, nas Índias a ocidente e a oriente. Essas igrejas tiveram que conviver com realidades políticas diversas, incluindo aquelas onde o poder civil lhes era contrário. Em certo sentido, o que o modelo calvinista fez foi resguardar a antiga noção de bipartição das esferas, traduzindo o privilégio de ação eclesiástica *ratione peccati* ("em razão do pecado") para um contexto mais dinâmico e adaptado às realidades da segunda metade do século XVI. E isso embora o exercício *ratione peccati*, com frequência, se tenha limitado ao âmbito da comunidade religiosa, sem qualquer possibilidade de aplicação em termos civis: o homem punido por adultério, por exemplo, teria como disciplina a suspensão de sua participação na Ceia do Senhor, ou até mesmo sua exclusão da comunidade religiosa (excomunhão) em caso de contumácia, sem que isso implicasse em qualquer tipo de punição pela autoridade civil.

Dessa dualidade de esferas, preservada em Calvino com maior cuidado do que em qualquer outro modelo protestante de reforma no século XVI, emergiu a possibilidade da crítica ao poder político. Nisso não cabe o reconhecimento de qualquer rasgo de "modernidade": essa possibilidade de crítica já existia no arcabouço ideológico da *respublica christiana* em razão, justamente, do reconhecimento de uma dualidade de esferas. Mas é digno de nota que essa possibilidade tenha reaparecido, com força, a partir da maneira calvinista de conceber as relações entre poder civil e autoridade religiosa. Vamos encontrar essa dimensão crítica no próprio Calvino (em numerosos sermões e tratados), bem como nas denúncias de Pierre Viret, compostas na década de 1560, contra a usura e outras práticas comerciais. Seu exemplo mais forte, contudo, encontra-se na maneira como Théodore de Bèze (1519-1605), pastor em Genebra e sucessor intelectual de Calvino, elaborou, na década de 1570, as possibilidades de resistência ao tirano. Dessa forma, o modelo proposto por Calvino se distanciou daquele implementado na maioria das igrejas reformadas dos cantões suíços e das cidades livres.

Cabe observar, ainda, outra divergência importante entre a teologia elaborada por Calvino e a matriz zwingliana. Essa divergência relacionou-se com a compreensão da Ceia do Senhor.

Em boa parte da reforma nos cantões suíços, as posições "sacramentárias" de Zwinglio, que tendia a ver nos elementos da Ceia apenas um caráter simbólico, haviam predominado. Essa perspectiva assentava-se tanto no zelo de Zwinglio pela simplicidade do culto, que deveria ser despido dos ornamentos cerimoniais criados pela tradição católica, quanto em sua preocupação com o caráter eminentemente *interior* da piedade religiosa. Tais posturas foram levadas a extremos, principalmente entre grupos de tendências "iluminadas", que chegavam a rejeitar completamente o sacramento num contexto em que, alegava-se, o Espírito Santo encontra-se presente no cristão, dirige-o e o habita.

Essa radicalização preocupou Calvino, que sentiu necessidade de precisar melhor o ensino sobre o sacramento eucarístico. O resultado desse esforço foi a preparação de um texto por Calvino e Heinrich Bullinger (1548); enviado às igrejas reformadas dos cantões suíços, o texto foi rejeitado por Berna, que continuou a se opor a ele até a morte de Calvino (1564). Entrementes, Calvino voltou a trabalhar sobre o documento em Zurique, na companhia de Guillaume Farel e de Bullinger (1549). O novo documento ficou conhecido, em razão disso, como *Consensus tigurinus* (*Consensio mutua in re sacramentaria ministrorum Tigurinae ecclesiae et D. Ioannis Calvini ministri Genevensis ecclesiae* ou "Acordo mútuo sobre a substância sacramental entre os ministros da igreja de Zurique e o doutor João Calvino, ministro da igreja de Genebra").

Publicada ao mesmo tempo em Zurique e em Genebra (1551), essa declaração pretendeu esclarecer o pensamento zwingliano, distinguindo-o tanto do ponto de vista luterano quanto dos excessos praticados pelos "iluminados". A efetividade dos sacramentos para conferir graça ao fiel não reside neles mesmos; no entanto, Deus, através do Espírito Santo, age nesses sacramentos, tornando efetivos seus resultados no coração daqueles que possuem fé. Não são apenas símbolos, portanto, mas agentes de operações específicas da graça divina. Assim, na Ceia do Senhor o fiel participa do corpo e do sangue de Jesus, não por meio de uma presença carnal de Cristo no sacramento (o corpo humano de Cristo, ressuscitado, encontra-se no céu, assentado à direita de Deus Pai), mas pelo poder do Espírito Santo que age sobre a fé existente no coração do crente.

O *Consensus tigurinus* foi aceito pelas igrejas de Zurique, Genebra, Saint Gallen, Schaffhausen, Neuchâtel, Graubünden e, posteriormente, por Basileia. Philipp Melanchthon, então o nome mais expressivo do luteranismo germânico, chegou a dizer, após a leitura do documento, que pela primeira vez conseguira entender o pensamento de Zwinglio: uma opinião relevante, tendo em vista o debate catastrófico entre Zwinglio e Lutero no colóquio de Marburg, em 1529. No entanto, Melanchthon era suspeito, nessa matéria, para muitos luteranos; de longa data ele era acusado de nutrir simpatias pelas posições sacramentárias. Enquanto a maioria das igrejas reformadas dos cantões suíços experimentou harmonia a partir do *Consensus tigurinus*, outra luta interna surgiu no luteranismo à medida que um grupo, autodenominado "gnesio-luterano" (a partir da palavra grega *gnesios*, "autêntico", "verdadeiro"), se opôs a Melanchthon.

O anteriormente exposto abre-nos outra perspectiva importante: o modelo calvinista assumiu uma configuração que alguns historiadores chamam de "internacional". É notório o quanto o luteranismo permaneceu ligado às suas raízes germânicas; e assim foi, mesmo quando transplantado para a Escandinávia ou para regiões do Leste Europeu, como a Hungria e a Transilvânia. O modelo calvinista, contudo, ganhou tons e nomes próprios, nos diferentes contextos em que se estabeleceu.

UM CALVINISMO INTERNACIONAL

Nos séculos XVI e XVII, o uso do termo "nação" ainda era muito amplo e a palavra não podia ser empregada com os sentidos que o vocábulo ganhou a partir do século XIX. Mas, dados os devidos descontos, a ideia de um "calvinismo internacional" reflete de forma apropriada o enorme impacto provocado não só pelas ideias do reformador de Genebra, mas por esses modelos reformados divulgados a partir dos cantões suíços.

França

No reino francês, as doutrinas de Lutero já contavam com divulgadores no início da década de 1520. Condenações à fogueira, por ordem do Parlamento de Paris e com o incentivo do síndico da Sorbonne, Noël Béda (c.1470-1537), ocorreram já em 1521. A irmã do rei Francisco I, Marguerite d'Angoulême, tinha relações com um círculo de humanistas e clérigos muito próximos das ideias erasmianas. O "Círculo de Meaux", como ficou conhecido, reuniu homens como Guillaume Briçonnet

(1472-1534), bispo de Meaux, o humanista Jacques Lefèvre d'Étaples (c.1455-1536), Guillaume Farel e Michel d'Arande (?-morto após 1539), bispo de Saint-Paul-Trois-Châteaux, no Dauphiné, entre 1526 e 1539. O Círculo de Meaux, com as diferentes trajetórias de seus integrantes, assinala o caráter plural com que as ideias de reforma penetravam em solo francês nas décadas de 1520 e 1530, numa conjunção em que ainda era difícil separar um catolicismo de matiz erasmiano, o luteranismo e as ênfases reformadas oriundas dos cantões suíços.

Todavia, a simpatia de figuras ligadas à realeza, que sustentou por um tempo o Círculo de Meaux, era uma base frágil. Após sua derrota militar para o imperador Carlos V na Batalha de Pavia, em 1525, Francisco I necessitou do apoio do papa e da Igreja Católica francesa, o que o levou a perseguir com maior zelo os simpatizantes de Lutero e de outras matrizes reformadas. A execução do humanista Louis de Berquin (1490-1529) é exemplo desse enrijecimento, intensificado ainda mais com o episódio dos "cartazes" a partir de 1534.

Esse episódio sublinha com nitidez o quanto a identificação com o modelo reformado, oriundo dos cantões suíços, superou as ideias luteranas em solo francês. Facilitada pela identidade linguística com *la Suisse romande*, a vinculação com as ideias vindas dos cantões suíços fica patente se considerarmos o nome (depreciativo) que se tornaria popular na França para designar os reformados: *huguenote* é palavra que, com grande probabilidade, deriva do suíço-alemão *Eidgenossen*, "confederados", como eram conhecidos os habitantes dos cantões.

Poucos, mas ativos, reunindo-se, de início, sobretudo em casas particulares, esses reformados franceses fizeram, desde cedo, largo uso da imprensa. Em 1535, em Neuchâtel, Pierre Robert, chamado Olivétan (1503-1538), publicou sua tradução da Bíblia das línguas originais para o francês. Na década de 1540, em várias edições (Paris, 1541; Antuérpia, 1541, Lyon, 1542), publicaram-se os 50 Salmos que Clément Marot (1496-1544) traduziu para uso no culto. Até 1562, foram traduzidos e publicados com música os 150 Salmos do Antigo Testamento.

O cântico de salmos nos cultos, praticado também em Genebra, tornou-se uma marca do movimento reformado em solo francês, divergindo do modelo zwingliano, que não permitia qualquer forma de música. Esse detalhe sublinha um dos traços característicos da reforma calvinista: embora exista apenas uma Igreja universal, essa Igreja é invisível; somente

Deus a conhece em sua integralidade. Em termos visíveis, o que existe são *igrejas*: múltiplas, portadoras das mesmas marcas que as identificam enquanto igrejas cristãs – a pura pregação do Evangelho, a celebração correta dos sacramentos, o exercício da disciplina eclesiástica –, mas com grande flexibilidade em sua forma.

Logo de início, esses grupos foram nomeados na França como *les églises réformées*, "as igrejas reformadas". Em relação a essas igrejas francesas, o papel exercido por Calvino, a partir de Genebra, logo suplantou as relações com outras cidades suíças de língua francesa. Rigoroso quanto ao modelo de governo eclesiástico que considerava emergir da própria leitura do Novo Testamento, Calvino não pretendia exercer qualquer magistratura sobre as igrejas francesas. Cada igreja local (podia haver várias numa mesma cidade) indicava para o Consistório seus pastores e anciãos; os delegados do Consistório de cada cidade reuniam-se, periodicamente, com os delegados de outros Consistórios, num *sínodo* regional; a cada vez, esse sínodo era presidido por um pastor diferente, de forma a garantir plena alternância. No contexto francês, os sínodos regionais se reuniam, a partir de 1559, num *synode national des églises réformées de France* ("sínodo nacional das igrejas reformadas da França"). Frente a semelhante organização, a força de Calvino não podia ser senão aquela decorrente da autoridade inspirada por sua trajetória e por seus escritos. Calvino valeu-se dessa autoridade espiritual e intelectual para garantir que fosse conservada, nas igrejas de sua terra natal, a coerência doutrinária e disciplinar. Com essa intenção, enviou colaboradores aos territórios franceses, sempre com autorização do Conselho municipal de Genebra e consentimento das igrejas que recebiam esses ministros. Foi o caso de Pierre Viret, que se tornou na década de 1560 um dos principais pastores da igreja reformada de Lyon.

O crescimento numérico – estima-se que em 1560 cerca de 2 milhões de franceses, em torno de 10% da população do reino, identificava-se com a fé reformada – tornou os reformados cada vez mais ousados. Esse crescimento se explica, simultaneamente, pelo lugar central que a fé religiosa possuía naquela sociedade e pelo caráter do próprio culto reformado: um culto simples, em língua francesa, consistindo em orações, cânticos de salmos e uma pregação. Como já acontecia no luteranismo, as possibilidades ofertadas pela fé reformada, de um acesso direto a Deus, sem mediação dos santos ou da estrutura eclesiástica, e de uma certeza efetiva de salvação sem passagem prévia pelo purgatório (considerado "novidade" inventada pela

Igreja Católica em séculos recentes), tornavam extremamente atrativa essa opção religiosa. Estamos tratando de um século caracterizado, segundo o historiador Lucien Febvre, por sua "vontade de crer". A historiadora Natalie Zemon Davis, por sua vez, estudando o caso bastante concreto da penetração dos ideais de reforma na cidade francesa de Lyon na segunda metade do século XVI, mostra como essa penetração foi pervasiva, atingindo as mais diversas camadas sociais. Como atestam as pesquisas mais recentes, toda tentativa de limitar a difusão dos movimentos de reforma a determinadas categorias da sociedade, com o intuito de explicar essa difusão a partir das dinâmicas ligadas a determinados estamentos, resulta infrutífera.

O episódio do parque Pré-aux-clercs, em Paris (13 a 19 de maio de 1558), quando cerca de 4 mil reformados se reuniram para o cântico público de salmos, é um exemplo dessa ousadia crescente e respaldada por significativo crescimento numérico. Na multidão, em lugar de destaque, estava Antoine de Bourbon (1518-1562), segundo par de França, duque de Vendôme e rei de Navarra. Estavam distantes os dias em que os encontros dos "huguenotes" eram furtivos, noturnos e em grupos pequenos espalhados pelas casas.

O ato despertou a ira do rei Henrique II (1519-1559) e resultou na adoção de medidas repressivas; em resposta, no inverno de 1561-1562 houve confrontos entre reformados e católicos nas ruas de muitas cidades. Em Vassy, na região de Champagne, em março de 1562, o príncipe católico François de Guise (1519-1563) dirigiu um ataque militar contra uma congregação reformada que se reunia num celeiro, sob a proteção de um edito de tolerância do rei. Como resposta, o príncipe Louis de Condé (1530-1569), irmão mais novo de Antoine de Bourbon, tomou em armas contra os católicos, dando início a 36 anos de guerras religiosas na França.

Foi um período turbulento, marcado por revezes de ambos os lados e por episódios como o controle calvinista da cidade de Lyon (1562-1563) e o violento cerco das tropas do rei da França à cidade de Sancerre (1573), então sob domínio reformado. O ícone da violência desse período, todavia, continua a ser a Noite de São Bartolomeu (24 de agosto de 1572). Trata-se de um fenômeno complexo, que atesta o quanto as guerras de religião se imiscuíram com disputas intestinas da nobreza. Turbinada pelo ódio recíproco entre os partidos e, especialmente em Paris, por uma irritação da população católica frente ao que consideravam as medidas de "apaziguamento" propostas pelo rei Carlos IX (1550-1574), a tentativa inicial de prender e suprimir as principais lideranças reformadas no seio da nobreza se converteu num massacre de huguenotes de enormes proporções, que se reproduziu em várias cidades. Fala-se com alguma segurança em 400 a 600 casas de huguenotes (ou de pessoas consideradas como tais) invadidas e pilhadas apenas em Paris. Quanto aos mortos em todo o território da França, já se cogitaram números pouco confiáveis, que vão de 30 mil a 100 mil mortos. Na verdade, não existem bases empíricas para uma quantificação global como essa. Muito mais seguro – e capaz de dar uma ideia do quão tétrico foi todo o episódio – é o número de 1.800 cadáveres retirados do rio Sena e sepultados pelos coveiros do cemitério dos Santos Inocentes, a fim de se evitar o perigo de pestilência.

O massacre da Noite de São Bartolomeu, pintado entre 1572 e 1584
por François Dubois (1529-1584). Óleo sobre madeira de nogueira, 93,5x151,4cm.
[Musée Cantonal des Beaux-Arts, Lausanne]

Os conflitos se encerraram apenas em 1598, com a promulgação do Edito de Nantes pelo rei Henrique IV (1553-1610), filho de Antoine de Bourbon que renegara o protestantismo para assumir a Coroa francesa. Saída jurídica longamente preparada pelo partido dos *politiques*, que dava apoio ao rei Henrique, o edito garantia a permanência da religião católica como oficial, mas os adeptos da *religion prétendue réformée* ("religião pretensamente reformada", designação que passou a constar em todos os documentos oficiais franceses, muitas vezes abreviada como *R.P.R.*) foram autorizados a celebrar seu culto em solo francês, podendo manter seus templos, escolas e cemitérios, mas com diversas restrições geográficas. O exercício desse direito era vedado em Paris, em qualquer localidade a menos de cinco léguas dessa cidade e nos locais onde a Corte se achasse instalada; o documento também limitava essa liberdade às cidades onde a fé reformada já se encontrava estabelecida em agosto de 1597. Livros da religião reformada só poderiam ser impressos e vendidos em cidades onde o culto fosse autorizado. Os reformados, por sua vez, eram considerados aptos para funções civis, sem necessidade de renegar sua fé. Os sínodos das igrejas reformadas deveriam acontecer na presença de um representante do rei, que assinaria as atas juntamente com os demais participantes.

A medida teve a capacidade de não agradar totalmente os reformados, que ainda sonhavam com uma França protestante, e de desagradar os católicos de dentro e de fora da França. Os Parlamentos, que na França representavam no nível das províncias as reuniões dos corpos políticos, também não foram unânimes em emitir sua concordância: o último Parlamento a reconhecer sem reservas o edito foi o de Rouen, em 1609.

Países Baixos

A multiplicação nos Países Baixos, ao longo dos séculos XIV e XV, de iniciativas de piedade popular das quais os movimentos das beguinas, begardas e a própria *devotio moderna* foram paradigmas, atesta o quanto o anseio por reforma da religião encontrava-se disseminado. Na década de 1520, aquelas regiões também foram celeiro de indivíduos e grupos com ideários "iluminados": o cadinho onde, como veremos no próximo capítulo, fermentou boa parte das convicções e expectativas dos chamados "anabatistas". Não é de se estranhar, portanto, que nesses territórios as ideias luteranas tenham encontrado ressonância quase imediata.

Seguiram-se, logo, as condenações. Domínios de Carlos por herança direta de seu pai, Filipe, o Belo, os Países Baixos estavam sob a regência da tia do imperador, Margarida da Áustria (1480-1530); em certo sentido, os Habsburgo exerceram, ali, contra a nova religião, a severidade que Carlos V não pôde exercer no âmbito do Império. Em julho de 1523, foram executados os monges Heinrich Voes e Johann Esch, acusados de luteranismo.

Trinta anos depois, em 1555, mais pessoas já haviam sido condenadas nos Países Baixos por aderirem a ideias evangélicas do que em qualquer outro território da Europa: foram 63 em Mons, Tournai, Lille e Valenciennes, 100 em Flandres e 384 no condado da Holanda.

A nova fé continuou a penetrar naquelas terras, mas o fez de forma definitiva ao norte e a partir das matrizes importadas dos cantões suíços, com o modelo calvinista predominando por influência de congregações francesas: a cidade portuária de Emden veio a ser conhecida como "a Genebra do norte"; no sul, concentrou-se sobretudo em Antuérpia, riquíssimo entreposto comercial.

Guy de Brès (1523-1567), após sua conversão, juntou-se em 1548 aos exilados dos Países Baixos que viviam em Londres. Esses exilados formularam uma confissão de fé, que foi apresentada ao rei Eduardo VI (1537-1553) em 1551. Pelas mãos de Guy de Brès, esse documento tornou-se a *Confessio Belgica* ("Confissão Belga"). De volta aos Países Baixos, Guy de Brès assumiu posição importante na liderança dos que se identificavam com o modelo genebrino. A Confissão preparada por Guy de Brès foi apresentada em 1562 ao rei de Espanha, Filipe II (1527-1598), que sucedera a seu pai Carlos no trono espanhol e na soberania sobre os Países Baixos. A resposta do rei foi cercar Valenciennes, onde Guy pastoreava; como resultado, o pregador foi morto.

O episódio, todavia, garantiu a solidariedade das igrejas reformadas neerlandesas à Confissão elaborada por seu mártir. Três sínodos (em Antuérpia, 1566; Wesel, 1568; e Emden, 1571) garantiram a obediência das igrejas reformadas neerlandesas a esse documento; essa decisão foi ratificada em 1619, quando o sínodo reunido em Dordrecht reconheceu a *Confessio Belgica*, ao lado do *Catecismo de Heidelberg*, como textos doutrinários básicos do calvinismo neerlandês.

À unidade em torno de um *corpus* doutrinário seguiu-se a unidade em torno do objetivo político de romper o que se entendia ser a tirania espanhola. Os territórios neerlandeses cultivavam com zelo suas tradições organológico-corporativas; eram frequentes os protestos dos Conselhos municipais diante das tentativas centralizadoras de Carlos V. Através das regentes que nomeava para os Países Baixos, primeiramente sua tia, Margarida da Áustria (até 1530), e depois, até 1555, sua irmã Maria da Hungria (1505-1558), o imperador procurava aumentar ao máximo sua autoridade frente aos demais corpos políticos.

A situação ficou mais difícil quando Carlos abdicou da soberania sobre os Países Baixos (outubro de 1555) e sobre o trono espanhol (janeiro de 1556) em favor de seu filho, Filipe. Margarida de Parma (1522-1586), irmã de Filipe, assumiu a regência dos Países Baixos em nome do novo rei. Sua pouca disposição em negociar com os nobres neerlandeses das províncias do norte, na maioria calvinistas, e que pediam o abrandamento das medidas contrárias aos reformados, levou a rebeliões em várias cidades, com a ocupação de igrejas católicas e destruição de suas imagens e artefatos de culto (1566). Filipe respondeu ocupando Bruxelas e implantando, através do duque de Alba, um regime de terror.

A resistência organizou-se em torno de Guilherme de Nassau e Orange (1533-1584), governador das províncias nortistas de Holanda, Zelândia e Utrecht. Não havia apoios externos: a Inglaterra de Elizabeth Tudor (1533-1603), embora protestante e simpática aos rebeldes neerlandeses, não ofereceu ajuda; os príncipes luteranos alemães não desejavam se indispor com o imperador Fernando (1503-1564), irmão e sucessor de Carlos, uma vez conquistada a Paz de Augsburgo; e a possibilidade de uma ajuda por parte dos huguenotes franceses mostrou-se inviável após a morte de seus principais líderes no massacre da Noite de São Bartolomeu. Em 1580, na reunião dos Estados gerais neerlandeses na cidade de Delft, Guilherme recusou-se oficialmente a continuar submisso a Filipe II. Formalizou-se a União de Utrecht, congregando as sete províncias setentrionais: Holanda, Zelândia, Utrecht, Guéldria, Groningen, Frísia e Overijssel.

Esse conflito entre os Países Baixos do norte e a Espanha, conhecido como a Guerra dos Oitenta Anos (1568-1648), só seria encerrado de forma definitiva com o Tratado de Münster (1648). Enquanto a guerra prosseguiu, pontuada de entreveros e de tréguas, as províncias do norte consolidaram simultaneamente sua fisionomia política e sua configuração religiosa. Nos anos difíceis que antecederam a guerra, marcados pela perseguição católica patrocinada pelos Habsburgo, e no tempo de sofrimentos e de privações impostos pelo conflito, o calvinismo desempenhou um importante papel unificador. As convicções reformadas encontraram consciências já preparadas por séculos de uma religiosidade católica bastante particular, que concedia grande espaço à interioridade e à piedade pessoal, com pouca valorização dos aparatos cerimoniais e sacramentais da Igreja: esse era o estofo da piedade da *devotio moderna*, como atesta seu documento mais famoso, o *De imitatione Christi* ("Sobre a imitação de Cristo"), de Thomas de Kempis (1380-1471).

Diferentemente do que aconteceu na França, nas Províncias Unidas do Norte dos Países Baixos a reforma foi, como resultado das lutas contra a Espanha, encampada pelas novas autoridades civis. O modelo seguido, no que diz respeito às relações entre poder civil e poder religioso, foi aquele preconizado por Calvino: os magistrados civis não decidem sobre matéria religiosa; a Igreja submete-se aos magistrados em assuntos seculares, mas conserva, por meio da pregação, do ensino e da disciplina religiosa, o papel de guia e consciência da sociedade. A efetividade dessa bipartição de esferas se comprova pelo fato de que, embora os ministros calvinistas fossem insistentes em denunciar o que consideravam erros dos governantes (como a tolerância estendida a grupos dissidentes do calvinismo, aos "anabatistas" e mesmo, com muitas restrições, à Igreja Católica; ou determinadas posturas comerciais, que os pastores consideravam pecaminosas em função da usura), as autoridades civis repetidas vezes ignoraram essas repreensões.

Um movimento semelhante se deu nas relações com a sociedade de forma geral: embora os pastores alertassem com frequência sobre os riscos envolvidos no excesso de luxo e as ameaças escondidas na prosperidade, formou-se na burguesia, enriquecida pelo comércio em escala global possibilitado pelas duas Companhias, a das Índias Orientais (1602) e a das Índias Ocidentais (1621), uma cultura da opulência que se mostrava bem pouco inclinada a atender aos apelos do clero. Mas a longeva herança de piedade interiorizada não se deixou vencer: em inícios do século XVII, ela ganhou espaço no que ficou conhecido como *Nadere Reformatie* ("Segunda Reforma" ou "Reforma Posterior"; o significado mais exato da expressão é o de uma *reforma mais íntima*). Pregadores e leigos ligados a esse movimento surgido no seio da Igreja Reformada neerlandesa se notabilizaram pela busca de uma reforma que se mostrasse mais intensa na vida das pessoas, na igreja e na sociedade como um todo.

A contribuição desse movimento ajuda-nos a perceber com mais clareza o caráter "internacional" que caracterizou a proposta calvinista de reforma. A *Nadere Reformatie* se construiu em diálogo com outras expressões do calvinismo: os chamados "puritanos" ingleses e os presbiterianos escoceses. Desde fins do século XVI e ao longo das primeiras décadas do século XVII, milhares de anglo-escoceses calvinistas vieram a residir nos Países Baixos, chegando a representar mais de 40 congregações organizadas e em torno de 350 ministros. Esse contato possibilitou uma intensa fertilização do pensamento religioso calvinista na Holanda, que se viu exposto aos ensinos puritanos, em especial à sua teologia bastante prática e centrada na "experiência da fé". Num universo de mais de 2 mil títulos de teologia reformada impressos nas Províncias Unidas ao longo do século XVII, um terço era composto por traduções de obras puritanas inglesas ou presbiterianas escocesas.

Palatinado e Europa de leste

No coração do Império, no Palatinado da Renânia, o eleitor Frederico III Wittelsbach (1515-1576) tornou-se calvinista em 1560 e encarregou o teólogo Zacharias Ursinus (1534-1583) de preparar o *Catecismo de Heidelberg* (1563), uma das mais populares sínteses da fé calvinista. O calvinismo palatino combinava o ativismo calvinista com a atuação paternal e protetora do príncipe. Na Hungria, por sua vez, onde encontrou solo fértil, o modelo calvinista se tornou instrumento importante na moldagem da identidade húngara, pressionada tanto pela presença absorvente de germânicos e eslavos como pelos contatos com os turcos. Por conta disso, o calvinismo húngaro definiu-se em estreita luta com o modelo luterano, privilegiado pelas populações de origem germânica.

Na Polônia houve grande abertura para a fé reformada a partir de meados do século XVI, através de círculos de humanistas poloneses. Um desses círculos congregou-se em torno do impressor Jan Trzecielski, de Cracóvia. Próximo dali, em Pinczow, com a conversão do nobre local, organizou-se a primeira igreja de matriz calvinista (1550). Ao mesmo tempo, no norte do país, com o estabelecimento de grupos morávios (de origem tcheca, com raízes no movimento de Jan Huss no século XV), outras congregações de orientação protestante foram organizadas, encaminhando-se cada vez mais para uma compreensão calvinista da fé.

Jan Laski (1499-1560), de origem aristocrática e formação humanística, amigo e correspondente de Erasmo de Rotterdam, destacou-se como líder influente, empenhado em uniformizar, em termos de doutrina e de governo eclesiástico, as congregações que haviam aderido à expressão reformada da fé cristã. Laski posicionou-se em defesa de dissidentes religiosos oriundos de outras localidades, o que cooperou para tornar a Polônia uma espécie de refúgio para protestantes suspeitos de heterodoxia.

Escócia

Na Escócia, o desenvolvimento das perspectivas reformadas está ligado ao nome de John Knox (c.1514-1572). Nascido na aldeia de Haddington, ao sul de Edimburgo, Knox estudou Teologia e Direito na Universidade de St. Andrews a partir de 1529. Foi ordenado padre em 1536, num tempo em que as obras de Lutero encontravam grande difusão na Escócia. Tentativas de repressão haviam levado, em 1528, à morte de Patrick Hamilton (1504-1528), a qual teve efeito inesperado: tornou o povo mais receptivo à mensagem luterana.

Após 1543, Knox ligou-se a um pregador chamado George Wishart (1513-1546) e passou a acompanhá-lo em suas pregações itinerantes. O arcebispo de St. Andrews, cardeal David Beaton (1494-1546), prendeu e condenou Wishart à morte por heresia. Beaton, que almejava a regência do reino, foi assassinado por nobres que criticavam a aliança franco-escocesa apoiada por ele.

Por indicação de John Rough, capelão do regente escocês, Knox foi chamado a ocupar as funções de pregador. Nesse ínterim, St. Andrews foi cercada pelos franceses, em resposta à morte de Beaton. Knox foi capturado e levado para Rouen. Preso por quase dois anos, teve sua saúde bastante comprometida. Por intervenção do rei inglês Eduardo VI, os prisioneiros foram libertados em fevereiro de 1549.

Refugiado na Inglaterra, Knox foi bem recebido e desempenhou funções como pregador em Berwick e Newcastle, antes de se tornar um dos capelães da corte real. Era o reinado de Eduardo VI (1547-1553), no qual se intensificou a fisionomia protestante da Igreja inglesa. Knox colaborou, na qualidade de capelão do rei, na preparação da segunda versão do *Common Prayer Book* (1552), o "Livro de Oração Comum", que passara a estruturar a liturgia dessa Igreja.

O caráter reformado das convicções de Knox fica claro na crítica feita por ele à prática, recomendada na primeira versão do *Common Prayer Book*, de se ajoelhar para receber o sacramento eucarístico. Disposto a concordar, a bem da paz, com esse gesto, Knox insistiu para que fosse acrescentada ao livro uma rubrica onde se afirmava que a genuflexão não implicava um reconhecimento da presença física de Cristo no sacramento. Essa cláusula, que ainda pode ser encontrada em edições remanescentes da segunda versão do *Common Prayer Book*, seria suprimida a partir do período elisabetano.

Nova reviravolta política, a essa altura, seria capital no desenvolvimento do pensamento e da abordagem reformista de Knox. Com a morte do rei Eduardo VI, em 1553, ascendeu ao trono sua meia-irmã, Maria Tudor (1516-1558). Filha do casamento de Henrique VIII com Catarina de Aragão, Maria empenhou-se pela restauração do catolicismo na Inglaterra. Centenas de líderes protestantes fugiram da ilha para o continente europeu. John Knox foi um deles, chegando à França em janeiro de 1554. De lá, dirigiu-se a Genebra, onde esteve com Calvino, e depois a Zurique, para se encontrar com Heinrich Bullinger. A seguir, Knox estabeleceu-se em Frankfurt, onde havia uma colônia de emigrados ingleses. Cidade livre do Império e bastante influente, Frankfurt havia adotado medidas de tolerância para com os reformados. Ao grupo inglês fora concedido o uso das instalações de uma das igrejas da cidade e a congregação convidou Knox para tornar-se seu pastor.

Mais crítico, a essa altura, da forma de culto proposta pela edição de 1552 do *Common Prayer Book*, Knox procurou substituí-la por uma ordem de culto alternativa. O assunto levou a uma cisão entre os exilados de origem inglesa e escocesa, com os primeiros alinhados na defesa do *Common Prayer Book*. Como resultado dessa divisão, Knox foi banido do pastorado. No entanto, sua proposta litúrgica viria a se tornar o cerne do *Book of Common Order* ("Livro de Ordem Comum"), manual litúrgico oficial da futura Igreja da Escócia.

De retorno a Genebra, Knox dedicou-se a pastorear a congregação dos exilados ingleses. Enquanto isso, multiplicavam-se congregações reformadas na Escócia, sob a proteção dos nobres locais. Com apoio desses nobres, Knox voltou à Escócia em agosto de 1555 e suas pregações, nos nove meses seguintes, tiveram enorme impacto. Alarmados, os bispos católicos convocaram Knox a Edimburgo, pretendendo submetê-lo aos procedimentos legais contra hereges. A ordem foi cancelada pela rainha Maria de Guise (1515-1560), viúva do rei Jaime V da Escócia (1512-1542) e regente do reino em nome de sua filha, Maria Stuart (1542-1587). A regente, que agira baseada em considerações políticas circunstanciais, logo se mostrou menos tolerante em relação aos reformados. Em função disso, Knox foi obrigado a exilar-se de novo em Genebra.

Nesse contexto, Knox desenvolveu seu pensamento em torno da possibilidade de resistência à tirania. Calvino era reticente quanto a isso, defendendo a posição de que mesmo o mau príncipe deveria ser respeitado, na medida em que representaria um juízo de Deus sobre seus súditos.

Depois de conferenciar com Calvino, Knox procurou vários outros pastores das igrejas suíças, inquirindo-os sobre a mesma questão.

Knox já havia se dirigido com dureza, em sua obra *Admonition to England* ("Admoestação à Inglaterra", de 1554), aos que permitiram a restauração do catolicismo na Inglaterra sob Maria Tudor. Embora não contasse com o apoio dos reformados continentais, Knox publicou em 1558 seu tratado *The First Blast of the Trumpet against the Monstrous Regiment of Women* ("Primeiro toque da trombeta contra o monstruoso governo das mulheres"), escrito diretamente contra Maria Tudor. Percebe-se como, sem o apoio dos teólogos continentais, advogar o direito puro e simples de supressão do rei era algo muito difícil; Knox encontrou uma saída no questionamento da legitimidade de um governo feminino.

John Knox contra o governo das mulheres

"[todos aqueles que ocupam ofícios públicos] devem reconhecer que o governo de uma mulher é a coisa mais odiosa diante de Deus; eles devem se recusar a ser seus oficiais, porque uma mulher no governo é uma traidora e rebelde diante de Deus; e, finalmente, eles devem procurar reprimir, com todas as forças de que dispuserem, seu orgulho desordenado e sua tirania."

John Knox, *The First Blast of the Trumpet against the Monstrous Regiment of Women* (1558).

Esse apelo à rebelião, dirigido aos que ocupavam cargos públicos, foi ampliado num escrito seguinte, *Appellations to the Nobility and Commonality of Scotland* (1558): não apenas os nobres, que controlavam a maioria dos ofícios públicos, mas também os "comuns" tinham a obrigação de se rebelar contra um governo tirânico.

Tais escritos colocaram contra Knox boa parte dos teólogos continentais (Calvino aconselhou o Conselho municipal a proibir a circulação de *The First Blast* em Genebra) e também grande número de seus apoiadores ingleses. Ascendendo ao trono inglês no mesmo ano de 1558, Elizabeth Tudor, embora simpatizante da causa protestante, passou a ver Knox como inimigo pessoal.

De volta à Escócia, Knox empregou sua formidável influência como pregador no fortalecimento dos que se opunham à regente Maria de Guise. Após uma pregação na cidade de Perth, irrompeu um motim iconoclasta, ao qual a regente, apoiada por forças francesas, respondeu com violência.

Enquanto isso, em Edimburgo a população elegeu Knox como seu pastor. De seu púlpito, continuou a encorajar os nobres que se opunham a Maria. Finalmente, e malgrado o descontentamento de Elizabeth Tudor com Knox, esses nobres conseguiram desenhar uma aliança com as forças inglesas: o Tratado de Berwick (1560), pelo qual a Inglaterra se comprometeu a prestar ajuda militar aos nobres escoceses contra Maria de Guise e suas tropas francesas. Como resultado, em 6 de julho de 1560 os exércitos franceses e ingleses deixaram a Escócia. Dado o apoio maciço da população e da maioria dos nobres, o sucesso da causa reformada estava garantido.

Reunidos em Parlamento, os representantes dos corpos políticos escoceses escutaram a pregação de Knox por ocasião de um culto de ação de graças na igreja de St. Giles, em Edimburgo. Em seguida, o Parlamento ordenou a uma comissão formada por Knox e por outros cinco teólogos a elaboração de uma confissão de fé. No dia 17 de agosto, atos parlamentares ordenaram a supressão das missas católicas, o repúdio formal da autoridade do papa e o cancelamento de todos os ordenamentos jurídicos contrários à reforma da religião. Um *First Book of Discipline* ("Primeiro Livro de Disciplina"), proposto por Knox, foi submetido em dezembro de 1560 à Assembleia Geral da Igreja da Escócia. Essa Assembleia tinha o mesmo papel que o *synode national des églises réformées* francês: congregar os representantes dos Consistórios (ou presbitérios) regionais, de forma a definir procedimentos e políticas eclesiásticas que deveriam ter abrangência sobre todo o território escocês. A Igreja da Escócia definia-se, assim, como uma igreja *presbiteriana*: o equivalente escocês das igrejas reformado-calvinistas do continente europeu.

O *Livro de Disciplina* não pôde ser implementado de forma eficaz em todo o território, logo de início, por conta da situação política ainda não totalmente estável. No entanto, a ordem de culto idealizada por Knox em Frankfurt foi aceita, primeiramente de modo informal e, após 1564, de maneira oficial: tornou-se o *Book of Common Order* ("Livro de Ordem Comum"), manual oficial de liturgia da Igreja da Escócia.

A reforma escocesa enfrentaria ainda alguns reveses. Em 1561, Maria Stuart, que se encontrava na França e em nome de quem a regência vinha sendo exercida desde 1542, assumiu o trono da Escócia. Viúva do rei francês Francisco II (1544-1560), com quem fora casada desde 1558, era uma católica que se considerava devota governando um reino que se tornara oficialmente protestante. Complicadas intrigas palacianas levaram à sua abdicação em 24 de julho de 1567, em favor de seu filho Jaime Stuart

(1566-1625, futuro Jaime VI da Escócia), nascido do casamento de Maria com seu primo Henry Stuart em 1565; o meio-irmão de Maria, também chamado Jaime, ocupou o cargo de regente. No intervalo até 1583, quando Jaime VI assumiu plenamente o reino, a reforma estava estabelecida. Sua característica mais marcante foi a preocupação da Igreja da Escócia no sentido de fazer do reino uma *godly society*, uma "sociedade piedosa", firmemente regida pela disciplina eclesiástica. O Witchcraft Act, o Ato legal do Parlamento escocês contra a bruxaria (1563), teve um papel significativo nessa dinâmica de disciplinamento. Representava o "outro lado" das iniciativas de ensino e de catequese: seu núcleo comum com essas outras medidas era o cuidado em garantir que a população escocesa, estando bem instruída na fé, abandonasse práticas consideradas "supersticiosas".

* * *

Com muita frequência, o adjetivo "reformado" é usado como sinônimo de "calvinista". No entanto, é um erro reduzir a vertente reformada ao calvinismo. O modelo de Genebra constitui uma das faces múltiplas que essa vertente adquiriu. É fora de dúvida que, em termos comparativos, a influência de Calvino sobrepujou em muito aquela exercida por Zwinglio, Bullinger ou Martin Bucer. Esse exercício redutor, todavia, nos leva a perder de vista os importantes matizes de cada expressão específica surgida dentro dessa vertente.

Essas diferentes expressões foram atravessadas por características comuns: a valorização da simplicidade no culto, a importância da interioridade na experiência religiosa; em relação às tradições religiosas mais antigas, uma liberdade bastante grande, o que fez com que o descarte dessas tradições ocorresse mais prontamente do que no luteranismo. Em grande medida, essa liberdade tinha origem na adoção mais enfática dos critérios humanísticos na leitura e interpretação do texto bíblico. Mas essa assunção dos pressupostos e métodos humanísticos coincidia com um intenso apego ao texto bíblico, cuja relevância era considerada inquestionável.

Sem prejuízo dessas características comuns, havia também as idiossincrasias de cada expressão local. A vertente reformada foi em boa parte responsável por essa aceitação da diversidade nas expressões comunitárias da fé, algo que acabou por se tornar característico dos grupos protestantes. Essa abertura às características locais responde, mais do que qualquer outra coisa, pela enorme abrangência do movimento e, em consequência, por seu caráter "internacional".

Entre *via media* e radicalismo

A REFORMA DA *VIA MEDIA*

Em 1520, o rei da Inglaterra, Henrique VIII (1491-1547), que recebera cuidadosa formação humanística, escreveu contra Lutero um tratado intitulado *Defesa dos sete sacramentos*, o qual lhe valeu, da parte do papa, o título de "Defensor da fé". O antiluteranismo de Henrique consolidou-se ao longo da década de 1520, mas não foi suficiente para erradicar os fermentos de reforma, bastante antigos. Em diferentes regiões, persistiam ainda resquícios dos "lolardos", movimento que surgiu no século XIV a partir das ideias de John Wycliffe (c. 1328-1384) e produziu a primeira tradução do texto bíblico latino da *Vulgata* para o inglês. No século XV, ao mesmo tempo que os esforços humanísticos começavam a vicejar em alguns centros universitários da Inglaterra, a ideia de um "retorno às fontes da fé" trazia alguns aportes significativos para a própria espiritualidade católica. Exemplo disso encontra-se na figura de John Colet (1467-1519): eclesiástico e erudito próximo de humanistas como Marsílio Ficino (1433-1499), cujo neoplatonismo influenciou-o bastante, e Erasmo de Rotterdam (1466-1536). Colet ficou famoso pelas exposições das cartas do apóstolo Paulo e, a partir de 1496, passou a realizar conferências semanais na igreja de St. Mary le Grand, em Londres; uma prática que ele continuou, abordando outros livros da Bíblia, depois de se tornar deão da também londrina catedral de São Paulo (1505).

Essa conexão humanista não pode ser negligenciada. A ela deve ser juntado o nome de Thomas More (1478-1535). Humanista, íntimo de Erasmo, jurista, membro do Conselho Privado do rei desde 1522, chanceler do reino a partir de 1529, More pereceu como mártir católico ao recusar-se a aceitar o Ato de Supremacia (1534) pelo qual Henrique VIII pretendeu assumir a chefia da Igreja inglesa. Moldado pela sensibilidade humanista, o cristianismo de More era também devedor de aspectos da piedade católica que floresciam desde o século XIV nos Países Baixos. Seu livro intitulado *Um tratado para receber sacramental e espiritualmente o Sagrado Corpo de nosso Senhor* (1534), escrito quando aguardava o cumprimento da sentença de morte, é totalmente fiel à concepção católica de Eucaristia, mas espelha também uma inclinação para a ideia de "participação espiritual" no sacramento muito cara à *devotio moderna* neerlandesa.

Quando se trata da reforma na Igreja inglesa, não tem sido observada essa aproximação entre o humanismo de More e Erasmo, o biblicismo de Colet e esse aporte oriundo da "moderna devoção" que foi comum tanto a More quanto a Erasmo. De modo sutil, tal aproximação ajudou a formar a piedade específica do anglicanismo, embora Colet, More e Erasmo tenham permanecido católicos até o fim de suas vidas. Essa piedade pode ser caracterizada como uma piedade da *via media* ou do "caminho do meio", uma alternativa original entre a fé católica e as propostas continentais de reforma.

Com a penetração cada vez mais intensa dos escritos luteranos, outras ênfases reformistas começaram a se multiplicar na década de 1520. William Tyndale (c.1493-1536), após estudos em Oxford e Cambridge e imbuído do humanismo de Erasmo, começou a sonhar com um projeto de tradução da Bíblia dos idiomas originais para o inglês. Chamara sua atenção a eloquente defesa, feita por Erasmo no prefácio ao *Novum Instrumentum* (1516), do acesso das pessoas comuns a Bíblias em vernáculo, colocadas à disposição do povo.

Todavia, o projeto de Tyndale não encontrou o apoio episcopal necessário, visto que uma lei do século XIV proibia qualquer tradução de porções da Bíblia para a língua inglesa sem prévia autorização de um bispo. Com a ajuda de alguns comerciantes, Tyndale deixou a Inglaterra (1524) e entregou-se, no Continente, ao seu trabalho de tradução.

Partes do Novo Testamento traduzidos por ele do grego para o inglês já apareciam em 1525, numa prensa de Colônia. A edição foi confiscada pelas autoridades católicas, o que levou Tyndale a mudar-se para Worms. Na cidade imperial, encontrou ambiente favorável e uma versão integral do Novo Testamento veio à luz (1526). Em 1530, a tradução do Pentateuco (os cinco primeiros livros do Antigo Testamento), feita diretamente do hebraico, estava completa e foi impressa em Antuérpia. A essa altura, várias edições do Novo Testamento em inglês já haviam sido publicadas. Tyndale seguiu com seu trabalho de tradução e com a composição de tratados em defesa da justificação pela fé, numa perspectiva luterana. Ao mesmo tempo, entre 1529 e 1533, envolveu-se em polêmicas com Thomas More, que o atacou com violência em seu *Dialogue concerning Heresies* ("Diálogo concernente às heresias"), de 1529, e no volumoso *Confutation* ("Confutação"), publicado em dois volumes (1532-1533).

Desde 1526, exemplares das traduções de Tyndale eram queimados pelo arcebispo Cuthbert Tunstall (1474-1559) na catedral de São Paulo, o que refletia o posicionamento oficial sobre seu autor. Vivendo em Antuérpia sob a proteção de alguns mercadores ingleses, Tyndale foi traído por um compatriota e aprisionado nas imediações de Bruxelas (maio de 1535). Após um ano e meio de confinamento, o tradutor foi estrangulado e queimado em praça pública, em Bruxelas, no dia 6 de outubro de 1536, sob a acusação de heresia. Após a morte de Tyndale, as autoridades inglesas continuaram a proibir a divulgação de suas traduções, destruindo as cópias apreendidas. Em 1535, contudo, Miles Coverdale (1488-1569) completou e publicou, com autorização do rei Henrique VIII, a primeira edição impressa completa da Bíblia em inglês. A maior parte dessa tradução foi tomada das traduções feitas por Tyndale e que se encontravam publicadas. Para as passagens bíblicas ainda não traduzidas por Tyndale, Miles Coverdale dependeu da tradução de Lutero, da Bíblia de Zurique e da Vulgata.

Apesar do trabalho de Tyndale não ser reconhecido na edição, foi inegável o triunfo de sua causa. Além de inspirar outras iniciativas, como a dos eruditos que publicaram no continente a versão para o inglês conhecida como *Bíblia de Genebra* (1560), a tradução feita por ele também informou, a partir de 1611, boa parte da versão produzida a mando do rei Jaime I da Inglaterra (1566-1625, que era também Jaime VI da Escócia) e que se tornaria predominante no mundo de fala inglesa.

Enquanto Tyndale persistia em seus esforços como tradutor e propagandista da fé luterana, a reforma no contexto inglês tomava caminhos inesperados. No final da década de 1520, Henrique mostrava-se descontente com sua esposa, Catarina de Aragão (1485-1536), filha dos Reis Católicos de Espanha, Isabel e Fernando. Viúva do irmão mais velho de Henrique, morto em 1501, Catarina foi dada em casamento ao cunhado no mesmo ano em que ele subiu ao trono (1509), mas até 1518, apesar de seis gestações, o casal obteve apenas uma filha, Maria, nascida em 1516.

Personalidade complexa, que oscilava entre os estudos, a devoção e seus apetites sexuais, Henrique convenceu-se de que tinha direito à anulação de seu matrimônio com Catarina e a um novo casamento. Isso, de resto, seria conveniente, porque o rei desejava desposar uma jovem de origem protestante: Ana Bolena (c.1507-1536).

Após negociações infrutíferas para conseguir do papa a anulação de seu casamento, o rei, por meio de uma série de leis que culminaram no Ato de Supremacia de 1534, declarou-se chefe da Igreja na Inglaterra. Thomas Cranmer (1489-1556), a essa altura arcebispo de Canterbury, era decididamente favorável às ideias de reforma. Ele foi o principal responsável por convencer o rei a autorizar a tradução de Coverdale e por garantir, a partir de 1539, que cada paróquia inglesa dispusesse de um exemplar da Bíblia em inglês.

Com Cranmer, o anglicanismo encontrou sua fisionomia. Henrique VIII oscilava, na década de 1530, entre simpatias pela reforma religiosa e os planos de fortalecer, na Igreja inglesa, as antigas tradições católicas. Assim, em 1539, fez passar no Parlamento os "Seis Artigos", que insistiam no celibato clerical e na doutrina da transubstanciação. Cranmer soube esperar, tolerando as mudanças de humor do rei e mantendo-se próximo dele: foi Cranmer que Henrique mandou chamar quando estava em seu leito de morte (1547). Com a ascensão de Eduardo VI (1537-1556), filho de Henrique com sua terceira esposa, Jane Seymour (1508-1537), Cranmer contou com o apoio do guardião do rei, Edward Seymour (duque de Somerset, 1500-1552), para dar um rosto protestante à Igreja inglesa. Para orientar os clérigos em suas pregações, Cranmer publicou em 1549 um *Book of Homilies* ("Livro de Homilias"), que exigia dos ministros religiosos a pregação de sermões enfatizando as doutrinas reformadas. Em 1549, publicou a primeira versão do *Common Prayer Book* ("Livro de Oração Comum"), manual litúrgico oficial da Igreja inglesa. Nesse livro, as cerimônias da missa tradicional católica estavam apenas sutilmente inclinadas na direção das convicções reformadas; a grande mudança era a adoção do vernáculo em lugar do latim. Já na segunda versão (1552), Cranmer imprimiu um tom mais protestante à liturgia.

O *Livro de Oração Comum*, que moldou a prática da piedade de gerações de cristãos ingleses, era fruto da sensibilidade religiosa do arcebispo de Canterbury. Tanto o *Livro de Oração Comum* quanto os *Quarenta e dois artigos*, também elaborados por Cranmer e que sintetizavam as doutrinas básicas da Igreja inglesa, encaminharam essa Igreja na direção da matriz reformada de pensamento, numa configuração que conservava o que era julgado aceitável das antigas tradições católicas.

Era isso que constituía a *via media* da reforma anglicana. Por trás dessa reforma emergia, como uma marca d'água, a figura de Erasmo. O humanista nunca se opôs às cerimônias da Igreja Católica; era crítico do excesso de ênfase atribuído à veneração dos santos, da concentração mecânica nas "relíquias" e do uso supersticioso de elementos sacramentais. Erasmo advogava por um Concílio que corrigisse a Igreja dos abusos que tantos verificavam nela, mas insistia que a longa tradição da Igreja não poderia ser desprezada: através da tradição, o Espírito Santo teria, ao longo do tempo, conduzido a Igreja por meio de homens "eruditos e sábios".

Assim como Thomas More, Erasmo não aprovava a ideia inglesa de separar-se de Roma. Mas isso não impediu a emergente Igreja anglicana de conceber a si mesma numa lógica que seria aceitável, em todos os demais aspectos, ao humanista: com culto e Bíblia em vernáculo, com atenuação da ênfase na devoção aos santos e uma oposição consistente ao que se considerava "supersticioso".

A adoção oficial de uma postura reformada, malgrado as hesitações de Henrique VIII, levou a um intenso movimento de desapropriação dos bens eclesiásticos. Em sua maioria, esses bens terminaram nas mãos da Coroa ou de diferentes nobres. Com a possibilidade do casamento do clero e com a extinção dos bens eclesiásticos, a própria sobrevivência da Igreja foi colocada em risco: como sustentar esse clero, agora acrescido de suas famílias? Adotou-se a prática de que os nobres, da grande à pequena aristocracia, deveriam ser os patronos do culto. Dotados dos benefícios eclesiásticos, seriam os responsáveis por indicar e sustentar os clérigos em cada localidade.

Como resultado, em vários lugares o desinteresse dos nobres deixou púlpitos vagos por muitos anos. Em outros, pessoas não preparadas foram encarregadas das funções eclesiásticas. A Igreja manteve uma estrutura episcopal e atribuiu a isso grande importância enquanto elo que garantiria o caráter *católico* da Igreja anglicana através da ideia de *sucessão apostólica* (a crença de que os bispos anglicanos encontravam-se, tanto quanto os bispos da Igreja romana, na linha sucessória dos apóstolos). No entanto, muitos bispos continuavam a reproduzir em suas dioceses a negligência que fora costumeira na época anterior à reforma.

O movimento reformador estabeleceu-se na Inglaterra sem episódios violentos como os observados em outras localidades do continente europeu, mas também sem grande entusiasmo. Desde o início, a reforma inglesa foi um movimento feito "de cima", fruto das dificuldades matrimoniais de Henrique, mas resultado, principalmente, das ideias de clérigos humanistas como Thomas Cranmer. Uma base social mais ampla, como a que encontramos nas reformas verificadas nos cantões suíços e cidades livres do Império, bem como na própria reforma luterana, esteve ausente do contexto inglês.

Durante o "interlúdio mariano", após a morte de Eduardo VI (1553) e até a morte da rainha Maria Tudor em 1558, a Coroa buscou restaurar a fé católica. A rainha destituiu Cranmer, mandou prendê-lo por suposta conspiração e finalmente executou-o por heresia (21 de março de 1556). O cardeal católico Reginald Pole (1500-1558), inglês de nascimento, foi à Inglaterra para formalizar o retorno do reino ao aprisco católico, sendo nomeado arcebispo de Canterbury em lugar de Cranmer. No entanto, Maria morreu, foi sucedida por Elizabeth, filha de Henrique VIII com Ana Bolena, e a fisionomia protestante retornou à Igreja inglesa.

Essas idas e vindas ajudam-nos a perceber que, para o povo comum, a mudança religiosa representou pouco. Provavelmente, a maioria não viu diferença substantiva entre a religião que lhe era ofertada antes de Henrique VIII e aquela oferecida pela reforma de Cranmer. Talvez por isso eventuais esforços por restaurar o catolicismo também não tenham deixado marcas profundas, exceto no âmbito institucional e entre os eruditos. A dependência dos patrocinadores continuou no reinado de Elizabeth (1558-1603) e pode-se afirmar que a autoridade máxima da Igreja anglicana – a rainha – pouco fez para minorar a situação de uma Igreja pouco catequizada em sua própria fé.

Houve exceções a esse quadro: John Hooper (1495-1555), bispo de Gloucester e Worcester, também perseguido e executado por heresia durante o reinado de Maria Tudor, procurou implantar em sua diocese uma reforma que atingisse o povo comum. Hooper mostrava-se coerente com um projeto de renovação religiosa atrelado à vertente reformada suíça. Mas levaria muito tempo, e comprometeria o trabalho de muitos homens como Hooper, até que a reforma inglesa penetrasse mais profundamente na consciência do povo comum. Nesse processo, como veremos a seguir, foi crucial o papel desempenhado pelos chamados "puritanos".

Temos considerado essa reforma inglesa como reforma da *via media*, um "caminho do meio" entre a tradição católica e a vertente reformada. "Caminho do meio" porque, em suas formulações mais nítidas, estampadas no *Livro de Oração Comum* e nos *Trinta e Nove Artigos* (a síntese doutrinária definitiva, aprovada em 1571 e baseada nos *Quarenta e dois artigos* de Cranmer), essa reforma buscou a rota erasmiana da *concórdia*, com abertura para o que se produzia de novo em matéria teológica, mas salvaguardando o máximo possível das antigas tradições. Do ponto de vista teológico-político, esse "caminho do meio" representou a exacerbação da proposta "totalizante" que observamos nos cantões suíços e cidades livres do Império. Em outras palavras, o modelo anglicano preconizava uma total homologia entre autoridade política e autoridade religiosa: não apenas a chefia da Igreja estava investida na figura do rei, mas o pertencimento à república (*commonwealth*) equivalia ao pertencimento à Igreja. "Não há quem pertença à Igreja da Inglaterra que não seja membro da república [*commonwealth*], nem quem seja membro da república que não pertença à Igreja da Inglaterra", escreveu em fins do século XVI Richard Hooker (1554-1600) em *Of the Lawes of Ecclesiastical Polities* ("Sobre as leis da política eclesiástica", 1594-1597).

Embora essa total homologia propusesse uma relação da Igreja com a autoridade civil na qual não existia qualquer espaço para críticas ao poder, sua construção em termos práticos foi muito mais complexa. O Ato de Supremacia de 1558, pelo qual Elizabeth teve seu direito de governar a Igreja reconhecido pelo Parlamento, implicou também salvaguardar alguma proteção aos nobres que praticavam a fé católica e, por extensão, aos comuns que viviam debaixo da autoridade desses nobres. Isso garantiu a existência de alguns bolsões católicos no interior do reino.

No mesmo ano, o Ato de Uniformidade procurou homogeneizar a prática do culto anglicano, obrigando à observância estrita dos rituais prescritos no *Livro de Oração Comum*. Significativamente, o livro foi alterado:

a nova versão (1559) eliminava alguns tons mais protestantes, incluídos por Cranmer na versão de 1552. Entre as partes eliminadas estava a rubrica, adotada por sugestão de John Knox, a respeito do ato de ajoelhar para receber o sacramento da Ceia do Senhor. Nos anos seguintes, o Ato de Uniformidade foi intensamente empregado, sobretudo para combater os que, no seio da Igreja anglicana, dirigiam a ela críticas de natureza puritana.

A reforma da reforma

O termo "puritano" surgiu como designação pejorativa para ridicularizar aqueles devotos ingleses que passavam seus domingos em casa, entre salmos, orações e rememoração do sermão ouvido na igreja. Richard Baxter (1615-1691), um dos mais eminentes clérigos puritanos na Igreja da Inglaterra, nos narra em suas recordações, as *Reliquiae Baxterianae* ("Relíquias Baxterianas", 1696), como o vocábulo foi aplicado, em tom de troça, ao seu pai.

Por conta do sentido pejorativo, os personagens que a História identificou como "puritanos", sobretudo entre as décadas de 1560 e 1640, pouco aplicaram a si mesmos o termo; quando o fizeram, foi de forma bastante pontual. Gervase Babington (c.1549-1610) se valeu dele em seu *A Very Fruitful Exposition of the Commandments* ("Uma assaz frutífera exposição dos Mandamentos"), de 1583, para caracterizar a maneira puritana de observar o descanso no domingo. O puritano William Bradshaw (1571-1618) também o empregou em seu *English Puritanisme*, de 1605, enquanto John Geree (c. 1600-1649), escrevendo em 1646, utilizou-o no título de sua obra *O caráter de um velho inglês puritano ou não conformista*. Assim caracterizou Geree um puritano: "De sua família ele procurava fazer uma igreja, [...] cuidando para que os que nascessem nela, também nascessem de Deus". Todavia, William Perkins (1558-1602), influente erudito do Christ's College de Cambridge, um dos puritanos mais respeitados em sua geração e um dos mais lidos pelas gerações seguintes, rejeitava o termo, considerando-o "vil". De fato, nas milhares de páginas produzidas pelos escritores puritanos entre os séculos XVI e XVII, encontramos poucas vezes a palavra.

Apesar dessa rejeição maciça ao vocábulo, ele predominou na historiografia, em geral para designar aqueles que, dentre o clero anglicano, mostravam reservas quanto a frases, gestos e cerimônias recomendados no *Livro de Oração Comum*. Motivos de especial desgosto para esses clérigos eram a obrigatoriedade do uso da sobrepeliz pelo ministro durante os cultos, a necessidade de os fiéis se ajoelharem para receber a Ceia do Senhor e o uso da aliança de noivado. A sobrepeliz era rejeitada porque sugeria que o ministro gozava de uma posição "sacerdotal", acima dos demais fiéis; o ato de ajoelhar-se supunha a ideia da presença física de Cristo no sacramento; e a aliança de noivado comunicava a impressão de que o casamento possuía algum sentido sacramental.

Os clérigos alcunhados de "puritanos" não escondiam sua preferência pelas posturas genebrinas. O nome, portanto, servia para caracterizar aqueles clérigos e leigos que defendiam um avanço na reforma da Igreja inglesa, com a eliminação do que restava nela dos "erros" da Igreja Católica. Não era apenas uma questão de implicância com cerimônias, mas uma atenção para o fato de que práticas e rituais podiam remeter a concepções teológicas equivocadas.

Nesse ponto, contudo, as caracterizações historiográficas com frequência erram por generalizar. Em boa parte da historiografia a questão cerimonial recebeu maior destaque; mas esse enfoque, sozinho, não descreve de forma apropriada o que foram os puritanos. Outros autores, concentrados na explosão de movimentos "milenaristas" durante a guerra civil e o chamado "interregno" (1642-1649 e 1649-1660), insistem em caracterizar o puritanismo a partir de aspectos tomados desses movimentos, sem atenção para o fato de que muitos puritanos os tinham na conta de "sectários".

O fato é que havia diferentes graus nessa recusa puritana às cerimônias. Muitos puritanos eram, à semelhança de Perkins e Baxter, clérigos anglicanos que toleravam as cerimônias e o modo de governo episcopal da Igreja da Inglaterra por amor às suas congregações e na expectativa de que uma reforma mais completa se processasse na Igreja como um todo. Para eles, a subordinação à autoridade civil não era o principal problema; eles, de fato, esperavam que a ação dos magistrados civis facilitasse a implantação das perspectivas reformadas, uniformizando a disciplina religiosa e controlando práticas associadas à antiga fé católica e tidas como "supersticiosas". Por sua vez, os chamados "presbiterianos", adeptos estritos das práticas de organização eclesiástica dos reformados continentais, evitavam o rompimento aberto com a Igreja estabelecida porque nutriam a esperança de reformá-la em moldes presbiterianos. Era o caso de Thomas Cartwright (1535-1603), professor em Cambridge que, por volta de 1570, começou a pregar, em chave presbiteriana, sobre a natureza da Igreja cristã com base no livro neotestamentário dos Atos dos Apóstolos. Homens como

Cartwright tiveram suas ideias expressas no documento conhecido como *An Admonition to the Parliament* ("Uma Admoestação ao Parlamento", 1572). Tais apelos no sentido de uma reforma da Igreja inglesa foram recusados durante o período elisabetano, assim como durante os reinados de Jaime I (1566-1625) e de Carlos I (1600-1649). Como o episódio da "Admoestação ao Parlamento" deixa claro, para os presbiterianos o apoio do poder civil também era visto como oportuno e, na verdade, decisivo.

À semelhança dos presbiterianos, os chamados "independentes" não se opunham à subordinação da Igreja ao poder civil. Consideravam a Igreja anglicana uma Igreja verdadeira, não em função da estrutura episcopal, que denunciavam como antibíblica e "romanista", mas em função da presença, nela, daqueles que se consideravam como cristãos autênticos. Em razão disso, a própria frequentação eventual do culto anglicano era vista como lícita pelos independentes.

O exemplo mais claro de congregação independente está na igreja estabelecida em Southwark (Londres), em 1616, sob a liderança de Henry Jacob (1563-1624). Em seus escritos, publicados desde 1599, Jacob combateu o sistema episcopal, questionando sua legitimidade teológica e, ao mesmo tempo, cooperando para lançar as bases de uma doutrina congregacional da Igreja. Segundo Jacob, as igrejas devem ter existência local, escolhendo seus ministros e se governando de forma autônoma, sem interferência quer de bispos (como no sistema anglicano-episcopal), quer de sínodos (como no sistema reformado-calvinista). A igreja era concebida como congregação local, como corpo constituído de crentes que entram em aliança entre si para viver como igreja numa localidade.

Outra foi a postura adotada pelos chamados "separatistas". Para esses, não apenas as cerimônias e a estrutura geral da Igreja anglicana eram intoleráveis, mas a própria subordinação da Igreja ao poder civil deveria ser revista. Seu mote, como encontramos no título de uma das obras do separatista Robert Browne (1540-1630), era o de "uma reforma sem esperar por ninguém", enquanto puritanos-anglicanos, presbiterianos e independentes ainda sonhavam com uma reforma que "esperasse pelo magistrado". Em outras palavras, diferentemente dos presbiterianos ingleses e dos independentes, os separatistas condenavam a postura totalizante, monista, que caracterizou desde o início a reforma anglicana.

A primeira congregação separatista inglesa surgiu em Londres em 1567, através dos esforços de um homem chamado Richard Fitz. Ele terminou preso, acusado de conduzir encontros religiosos não autorizados. Naquele contexto, a presença nos cultos anglicanos e o pagamento do dízimo para sustento do clero anglicano eram obrigatórios. Esses separatistas, à semelhança dos independentes, reuniam-se de forma clandestina, arriscando-se à prisão; mas diferiam dos independentes na recusa intransigente à subordinação ao poder civil e no afastamento total do culto anglicano. Apesar das dificuldades enfrentadas, multiplicaram-se as congregações separatistas a partir da década de 1580, lideradas por homens como Robert Browne, Robert Harrison (?-1585?), Henry Barrowe (1550-1593), John Greenwood (1556-1593) e John Penry (1563-1593). Pressionado, Browne retornou à comunhão da Igreja anglicana; a congregação de Harrison, para sobreviver, exilou-se nas Províncias Unidas do Norte dos Países Baixos; Barrowe, Greenwood e Penry acabaram presos e executados.

Portanto, puritanos-anglicanos, presbiterianos e independentes viram-se forçados a aceitar a supremacia do poder civil em matéria religiosa. A essa perspectiva monista, tão típica das reformas cantonais suíças, eles incluíram, no entanto, uma nota tomada do modelo genebrino: com suas críticas às imposições das autoridades em matéria de culto, conseguiam recuperar, ainda que de forma tênue, a ênfase calvinista de que, em assuntos de fé, cabia à Igreja, e não ao magistrado, a arbitragem. Ao mesmo tempo, suas críticas aos magistrados, não apenas restritas aos assuntos religiosos, mas também envolvendo temas de ordem civil (como os clamores por reforma dos costumes e contra o desrespeito ao descanso dominical), ecoavam a possibilidade de atuação da Igreja como "consciência" da sociedade, também prevista no modelo calvinista. Mas essa era uma solução ambígua, uma vez que o poder civil não abria espaço, na prática, para semelhante atuação crítica. Os separatistas, por sua vez, ao recusarem essa ambiguidade pelo repúdio às ingerências da autoridade civil, aproximaram-se do ideário "radical" ou "anabatista" (que consideraremos a seguir) em sua postura de afastamento do mundo e de suas estruturas, embora nunca tenham chegado a uma identificação plena com esses radicais.

Esses quatro grupos compartilhavam a mesma teologia reformada, de cariz genebrino; mas divergiam na maneira de considerar até que ponto podiam ser toleradas as exigências anglicanas em matéria de cerimônias e de adesão ao governo episcopal, bem como na questão fundamental da relação com a autoridade secular. Contudo, havia um importante denominador comum que os unia e a partir do qual, mais do que a partir das posturas acerca das cerimônias e da aceitação da autoridade civil, podemos caracterizar o puritanismo. Trata-se da preocupação, compartilhada por todos esses grupos, com uma vivência "experimental" da fé cristã e com o trabalho pastoral necessário para viabilizar essa vivência.

Podemos dizer que o puritanismo não foi tanto um acordo sobre o que devia ser eliminado da Igreja inglesa quanto uma concordância sobre o que deveria ser o cerne da experiência cristã. Para esses puritanos, convencidos da justeza das percepções defendidas por Lutero e abraçadas pelos reformados, a fé deveria ser experimentada no mais íntimo do ser humano. Sobre a base comum da justificação pela fé, e a partir de uma sólida percepção do caráter central da graça de Deus no processo de salvação do ser humano, o cristão deveria ter "experiência de sua fé".

Mais do que adesão a um credo, tratava-se de uma operação interna de Deus no crente que começava pela *mente*, instruída via pregação a respeito da situação desesperadora do homem, enquanto pecador, diante da majestade de um Deus santo, e a respeito da obra de Cristo como único caminho de salvação. Recebida e processada pela mente, essa mensagem, uma vez crida, aquecia o coração humano, no sentido de envolver suas *emoções*. Os puritanos queriam, com isso, dizer que os "afetos" do ser humano eram integrados: ele passava realmente a odiar o pecado, do qual Cristo o redimiu, e a amar a Deus. Finalmente, os afetos mobilizados punham em movimento a *vontade* do ser humano e ele respondia ao Deus que o salvara com uma vida regida não mais pelo pecado, mas pela obediência à lei divina. Na prática cotidiana, essa vida de obediência à Palavra de Deus se caracterizava pela devoção (oração e leitura da Bíblia feitas diariamente, em particular e com a família reunida), pela frequência aos cultos religiosos (duas vezes aos domingos, além de reuniões ao longo da semana para catequese e estudo bíblico) e pela preocupação em seguir de forma estrita os ditames morais da Bíblia.

A centralidade da Bíblia era patente no tipo de pregação que esses puritanos praticavam e recomendavam: ao invés dos sermões alegóricos, cheios de alusões literárias, muito estimados entre os clérigos anglicanos mais instruídos, os sermões puritanos eram exposições sistemáticas do texto bíblico, de acentuado conteúdo doutrinário e pastoral.

Limitar o puritanismo à supressão de cerimônias e do governo episcopal é ignorar parte vital de sua dinâmica. Bastante alicerçado na doutrina, o puritanismo foi, sobretudo, um movimento de piedade, um apelo em prol da revitalização da experiência cristã.

Em que medida surtiu efeito esse esforço por doutrinar o povo comum através da pregação e da catequese, tão central para esses quatro grupos que examinamos? Esse foi um processo demorado. Richard Greenham (1535-1594) conseguiu ser indicado para a paróquia anglicana de Dry Drayton, a onze quilômetros de Cambridge, tendo exercido o pastorado ali entre 1570 e 1590. Apesar da dedicação ao seu rebanho, testificada pelos registros que ele deixou e pelos testemunhos de outros pastores que o conheceram, no final da vida Greenham chegou a dizer que, de toda a população acostumada, por força de lei, a frequentar sua paróquia, em apenas uma família ao longo de 20 anos ele percebera os efeitos da pregação na forma de experiência efetiva da fé. Em contraste, após 14 anos de trabalho em sua paróquia de Kidderminster, nos anos 1641-1642 e 1647-1660, o ministro anglicano Richard Baxter afirmou ter visto evidências de transformação de vida e de experiência da fé salvadora em todas as oitocentas famílias que constituíam seu rebanho. Esses dois exemplos, tomados das trajetórias de dois puritanos que trabalharam no seio da Igreja Anglicana, indicam-nos o quanto, ao longo de duas gerações, a pregação e o doutrinamento puritanos espalharam-se e moldaram as consciências e a sensibilidade religiosa de boa parte daquela sociedade.

Em sua autobiografia, *Grace Abounding to the Chief of Sinners* ("Graça abundante para o maior dos pecadores", 1666), o puritano separatista John Bunyan (1628-1688) narra-nos uma cena que testemunhou em sua cidade, Bedford. Três ou quatro "mulheres pobres, sentadas à porta", conversavam enquanto tomavam sol. Segundo Bunyan, "elas conversavam acerca de um novo nascimento, obra de Deus em seus corações, e sobre como tinham ficado convencidas de seu estado natural de miséria; elas conversavam sobre como Deus tinha visitado seus corações com o amor d'Ele revelado em Cristo, e sobre as palavras e promessas que tinham trazido refrigério a elas, consolando-as e sustentando-as contra as tentações do diabo. [...]. E a mim me pareceu que elas contavam essas coisas como que impelidas pela alegria que sentiam [...]". A cena testemunhada por Bunyan ilustra, de modo vívido, os resultados de várias décadas de trabalho pela reforma por parte dos puritanos.

A reforma inglesa começou como imposição das autoridades civis e encontrou uma receptividade ampla, mas passiva por parte da população, para a qual parece ter predominado uma impressão de continuidade com o que já era conhecido. Essa reforma foi questionada pelos puritanos em função da quantidade de práticas "papistas" que permaneceram na Igreja inglesa, bem como da necessidade de levar o povo comum não a uma mera aderência formal às cerimônias, mas a uma experiência efetiva e pessoal da fé. Conduzir o povo comum, com base em sólida doutrina, a uma prática da comunhão com Deus foi a motivação persistente desses grupos que pretendiam "reformar a reforma" implementada na Igreja da Inglaterra.

A REFORMA RADICAL

"Anabatista" foi também palavra cunhada pelos detratores, o que embute uma medida de distorção na própria origem do vocábulo. O prefixo grego *ana-* tem o sentido de "novamente"; assim, *anabatista* significa "*re*batizador", "aquele que batiza (ou se deixa batizar) de novo". Os grupos que receberam esse rótulo no século XVI, contudo, não se viam como "rebatizadores", já que, para eles, não tinha valor o batismo administrado na infância pela Igreja Católica e pelos demais grupos protestantes. Essa é uma das razões para a mais recente historiografia alemã preferir o substantivo "*Täufer*" ("batizador") para descrever os integrantes desses movimentos.

Faremos uso do termo "anabatista" por conta de sua ampla atestação nas fontes, mas com consciência de que seu emprego como designação genérica nos impede de enxergar a expressiva pluralidade desses grupos. O termo comunica a falsa impressão de que se tratou de um único movimento, com ideologia e história coesas, quando na verdade estamos diante de uma pluralidade de expectativas religiosas não atendidas pelas soluções teológico-políticas oferecidas pelos outros modelos de reforma. Expectativas, de fato, bastante antigas, nas quais aspirações místicas e "iluminadas" se combinaram com desenvolvimentos típicos da religiosidade tardo-medieval dos Países Baixos. Não é de se estranhar, portanto, que muitos dos primeiros líderes desses grupos tenham origem neerlandesa ou, ao menos, tenham passado algum tempo naquelas paragens.

Para o encobrimento dessa pluralidade cooperou o fato de que um desses grupos alcançou proeminência na parte final do século XVI, negociando sua própria sobrevivência e, em grande medida, reescrevendo as histórias desses movimentos ao absorvê-las na sua própria história. Trata-se do grupo articulado por Menno Simons (1496-1561), antigo padre católico originário da Frísia, no norte dos Países Baixos. Através dos seus escritos, Simons procurou distanciar-se de facções místicas, como a de Melchior Hoffmann (c.1495-1543), que profetizou a descida da Nova Jerusalém sobre a cidade de Estrasburgo em 1533, e dos discípulos de Hoffmann que controlaram a cidade de Münster entre 1534 e 1535. As ênfases de Simons em não violência e no afastamento em relação ao poder secular, usadas para combater esses visionários, tornaram-se parte de uma "ortodoxia menonita" (como os seguidores de Simons viriam a ser conhecidos) da qual Melchior Hoffmann e os líderes da rebelião em Münster seriam "desviantes".

O termo "reforma radical" foi criado pela historiografia do século XX a fim de descrever esse fenômeno. A palavra "radical" é ambígua: alguns de seus utilizadores, levados por concepções contemporâneas de "radicalismo político", procuraram nesses movimentos antecedentes tanto para a subversão social quanto para uma pretensa postura de defesa da "tolerância religiosa" e da "liberdade de consciência". Para outros, o termo "radical" sinalizaria a pretensão desses grupos de serem os exclusivos representantes da fé cristã em sua pureza primitiva, mais próximos das "raízes" dessa fé do que uma Igreja Católica apóstata e do que os diversos grupos protestantes que nunca teriam ousado uma reforma completa.

Movimentos plurais com origens plurais: é isso o que sabemos sobre os anabatistas a partir das pesquisas mais recentes. O rico solo das inquietações religiosas dos Países Baixos recebeu influxos de outros contextos, como os chamados "profetas de Zwickau", saxônios cuja pregação ecoara em Wittenberg já em 1522. Esses místicos propunham uma fé cristã altamente espiritualizada, para a qual os elementos físicos e visíveis seriam de importância secundária.

Aqui, a ligação com desenvolvimentos do pensamento teológico e devocional neerlandês ao longo dos séculos XIV e XV não pode ser negligenciada. Fazia parte do ideário da *devotio moderna* uma espiritualidade intimista, pouco afeita a rituais, embora seus proponentes jamais chegassem a desafiar a estrutura católica. Wessel Gansfort (1419-1489), clérigo, humanista e figura muito ligada à *devotio moderna*, combinava um elevado apreço pela Eucaristia, concebida segundo os cânones católicos tradicionais, a uma percepção de que a realidade sacramental vai além da matéria sensível. Para Gansfort, a absorção física do corpo e do sangue de Cristo na hóstia era acompanhada de uma participação espiritual na realidade do sacramento. Ele chamava a essa participação *commemoratio* ("lembrança"), no sentido de que o comungante, enquanto recebia o sacramento, deveria *trazer à memória* a vida, exemplos, ensino e, finalmente, a morte e ressurreição de Cristo. Gansfort chegou a propor que, em situações especiais, seria aceitável apenas a participação espiritual, sem a realidade física do sacramento. Não é difícil perceber como argumentos semelhantes, estruturados num contexto de total reconhecimento do ensino católico tradicional, foram apropriados e desenvolvidos no cenário de enorme ebulição religiosa da década de 1520.

Há notícias de uma congregação anabatista em Zurique a partir de janeiro de 1521; a ela ligaram-se os nomes de Conrad Grebel (c.1498-1526) e Felix Manz (1498-1527). Grebel morreu vitimado pela peste; Manz, contudo, integrou o número de mártires anabatistas que, desde 1525, foram executados nos cantões suíços pelo crime de rebatismo. Em 1526, Hans Denck (1495-1527) liderava uma congregação em Augsburgo. Batizado provavelmente por Balthasar Hubmaier (1480-1528), que por sua vez fora batizado por um egresso de Zurique, Wilhelm Reublin (1484-c.1559), Hans Denck batizou Hans Hut (1490-1527) no verão de 1526. Os esforços de pregação de Hut se desenvolveram especialmente no Tirol e na Morávia.

Essas indicações assinalam que os grupos anabatistas multiplicavam-se através de um intenso trabalho de testemunho individual, facilitado pelas perseguições que obrigavam os fiéis a fugir de lugar para lugar. Em busca de sobrevivência, algumas dessas comunidades se mudaram para regiões do Leste Europeu. Jakob Hutter (c.1500-1536), oriundo do Tirol, organizou na década de 1530 o estabelecimento de vários grupos na Morávia, sob a proteção de nobres locais, num autêntico projeto de colonização. Não demorou, contudo, para que o *Landtag* morávio (a reunião dos corpos políticos da região) ordenasse a expulsão dos anabatistas. Retornando ao Tirol, Hutter foi preso e executado na fogueira em 1536.

O episódio ocorrido em Münster entre 1534 e 1535 merece uma menção especial. As visões apocalípticas de Melchior Hoffmann haviam inflamado, em muita gente, a convicção de que o fim dos tempos chegaria em breve, com a descida da Nova Jerusalém sobre a cidade de Estrasburgo em torno de 1533. Um dos discípulos de Hoffmann, Jan Mathijs (c.1500-1534), entendeu que o cumprimento da profecia se daria não em Estrasburgo, mas em Münster, sede de um principado-bispado e cidade mais importante da Westfália. A situação na cidade já se encontrava dividida entre o Conselho municipal, favorável ao luteranismo, e o príncipe-bispo Franz von Waldeck (1491-1553). Essa divisão, aliás, foi um dos fatores que atraíram para Münster a atenção dos discípulos de Hoffmann. Bernhard Rothman (c.1495-1535) começara a pregar em chave luterana e, em 1533, conseguira convencer o Conselho a adotar o credo luterano e a formalizar um acordo com o príncipe-bispo pelo qual a nova fé seria respeitada. Sabedor disso, Mathijs mudou-se para a cidade e encorajou a migração de numerosos adeptos para lá. Seu grupo depressa granjeou simpatizantes no próprio Conselho; em janeiro de 1534, Rothman, convertido à fé dos anabatistas, foi batizado por Mathijs. Com o apoio do importante comerciante de lã Bernhard Knipperdolling (1495-1536), os anabatistas elegeram membros ao Conselho e assumiram o controle da cidade em 1534. Teve início, pouco depois, o cerco, comandado pelo príncipe-bispo e reforçado pela adesão de príncipes luteranos, apavorados com a ousadia dos seguidores de Mathijs.

O próprio Mathijs faleceu numa investida frustrada contra os sitiadores. Foi substituído por Jan Beukelsz (ou Beukelszoon, 1509-1536), conhecido como Jan de Leiden. Beukelsz intensificou a pregação de um irrompimento escatológico iminente; o próprio cerco passou a ser visto como sinal de que o Reino de Deus estava para se estabelecer na cidade. Ao mesmo tempo, e com a conivência de Rothman, Beukelsz adotou uma série de medidas que incluíram a comunidade de bens, a prática da poligamia e sua própria entronização como "rei Davi", encarregado de preparar o advento do Messias. Dado o alto grau de excitação religiosa provocada pela pregação de Beukelsz, somado ao respaldo das principais figuras públicas, não foi difícil garantir o apoio popular. Para uma parte da população, que se recusava a aceitar essa pregação e a receber o batismo, a alternativa foi a expulsão da cidade. Entre os expulsos estava o ainda adolescente Hermann von Kerssenbrock (1519-1585), que seria, nas décadas seguintes, autor da principal crônica sobre o episódio.

Após intensas privações e sofrimentos, o cerco terminou com a rendição de Münster em 24 de junho de 1535. Não se tem certeza quanto ao fim de Rothman; presume-se que ele tenha morrido em combate, mas seu corpo não foi identificado. Jan Beukelsz, Bernhard Knipperdolling e Bernhard Krechting (1500-1536), outro importante pregador, foram torturados em praça pública com tenazes em brasa. Executados em 22 de janeiro de 1536, tiveram seus corpos colocados em gaiolas de ferro suspensas na torre da igreja de São Lamberto, a mesma igreja de cujo púlpito Rothman pregara em favor da reforma. Em 1888, já deterioradas, as gaiolas foram substituídas por cópias exatas que continuam ali até hoje. Desde 1987, uma lâmpada instalada pela igreja em cada uma das gaiolas é mantida acesa do pôr do sol até o amanhecer, em memória dos três executados.

Nesse processo em que um símbolo de infâmia (as gaiolas foram deixadas ali, de início, para sublinhar os riscos da dissidência religiosa) tornou-se um memorial à tolerância, podemos encontrar, emblematizado, o percurso que a sociedade ocidental faria, nos séculos seguintes, no que tange à maneira de tratar os temas de natureza religiosa.

Rüdiger Wolk, 2006

Gaiolas de ferro na torre da Igreja de São Lamberto, Münster.

No início da década de 1520, muitos anabatistas imaginaram encontrar refúgio em Zurique, onde Zwinglio exercia seu pastorado e tomava medidas para a simplificação do culto. As diferenças, porém, logo ficaram claras. Os anabatistas se afastaram do modelo de reforma adotado nos cantões suíços por duas razões principais: a manutenção do batismo administrado na infância e a questão, sempre candente, das relações com o poder civil.

Por que luteranos e reformados eram tão apegados ao batismo de infantes? Os anabatistas argumentavam acerca da diminuta base bíblica de que essa doutrina gozava. Em prol dessa forma de batismo, contudo, havia uma tradição que poderia ser rastreada até, pelo menos, o século IV. E, principalmente, havia a *respublica christiana*. Para essa construção ideológica, o batismo de infantes representava a inserção do indivíduo, simultaneamente, na Igreja e na república; e isso sem prejuízo da noção, que prevalecia no Ocidente, de uma distinção radical entre as esferas civil e religiosa. Colocar em dúvida o batismo infantil, portanto, equivalia a questionar a própria porta de entrada na sociedade enquanto organismo político. Num contexto em que o civil e o religioso passaram a se mesclar, como foi o caso nas reformas cantonais à exceção de Genebra, esse papel atribuído ao batismo infantil tornou-se ainda mais significativo. Isso nos ajuda a entender por que razão os cantões suíços foram os primeiros locais onde os anabatistas foram executados.

Para os anabatistas, o batismo deveria ser ministrado apenas a adultos porque a condição básica para recebê-lo era a fé consciente, impossível num bebê. A confissão de fé elaborada em 1527 na cidade de Schleitheim (cantão de Schaffhausen) por representantes de diversas congregações anabatistas, como tentativa de minorar a heterogeneidade teológica e coibir comportamentos considerados escandalosos, colocou com bastante clareza as condições para o batismo.

As condições para ser batizado

"O batismo será ministrado àqueles que demonstraram arrependimento e mudança de vida; que acreditam verdadeiramente que seus pecados foram retirados por Cristo e desejam ser sepultados com Ele em Sua morte, para que possam ressuscitar com Ele; será ministrado aos que, com isso em mente, solicitarem para si o batismo. Isso exclui todo batismo de crianças, que é a principal e mais alta abominação papista."

Confissão de fé de Schleitheim (1527).

Essa ênfase no compromisso pessoal com Cristo como elemento definidor do pertencimento à fé colocava o fiel anabatista numa situação de separação radical do restante da sociedade. No dizer da *Confissão*: "Pois verdadeiramente todas as criaturas encontram-se tão somente em duas categorias, bons e maus, crentes e incrédulos, trevas e luz, o mundo e aqueles que deixaram o mundo, o templo de Deus e os ídolos, Cristo e Belial; e um grupo não pode ter parte com o outro".

O entendimento estabelecido na *republica christiana*, ao longo dos mil anos anteriores, era o de que a Igreja era simultaneamente a comunidade dos puros e dos impuros, dos pecadores santificados e dos que, embora batizados, ainda permaneciam em seus pecados. Essa coexistência deveria persistir até a consumação dos séculos e a separação seria feita pelo Senhor, em Seu retorno no fim dos tempos. Enquanto isso, a obra da graça de Deus continuaria sendo realizada nos corações humanos, mediada por uma Igreja que, maternalmente, acolheria em seu seio os pecadores renitentes, estimulando-os ao arrependimento. Justamente por isso era possível pensar numa relação de pertencimento simultâneo à Igreja e à *republica*.

Essa ligação foi questionada pelos anabatistas. Para esses grupos, a comunidade religiosa deveria diferenciar-se tanto das igrejas existentes, equiparadas por eles a Babilônia, o símbolo bíblico de apostasia espiritual, quanto da sociedade, considerada ímpia e incrédula. Segundo eles, a Igreja é composta pelos *santos*, os que assumiram o compromisso com Cristo e evidenciaram esse compromisso por meio do batismo. Em alguns contextos, essa separação ganhava contornos bastante definidos: nos projetos de colonização executados por grupos anabatistas na Morávia, a própria constituição de uma comunidade relativamente isolada permitia a vivência dessa separação, reduzidos ao mínimo os tratos com a sociedade externa; uma realidade que persiste, ainda hoje, nas comunidades *amish* da América do Norte.

Noutros contextos essa separação se tornava mais problemática. No meio de grandes cidades, como Zurique, Estrasburgo ou Augsburgo, como praticá-la? O ideal deveria ser buscado no interior das congregações anabatistas. Fora delas, o fiel continuava com seus afazeres seculares, servindo-se dos contatos com os incrédulos para, com cautela, testemunhar-lhes sua fé. Em situações extremas, os anabatistas ocultavam suas convicções como estratégia para sobreviver e continuavam a comparecer aos serviços religiosos oficiais, negando em seu íntimo as cerimônias que eram executadas diante de seus olhos.

Mas as situações de confronto eram inevitáveis. Ao rejeitarem o batismo infantil e outros contatos com o poder civil, como o exercício de magistraturas, os juramentos e a prestação de serviço militar, os anabatistas chocavam-se contra toda a estrutura daquela sociedade. Compreende-se, assim, porque esses grupos foram rejeitados de forma unânime. Católicos, luteranos e todas as demais expressões reformadas viram nos anabatistas elementos de desestabilização. De uma forma ou de outra, com maior ou menor intensidade, todas as outras expressões confessionais existentes no século XVI procuraram erradicar esses grupos.

Do ponto de vista teológico-político, os anabatistas propunham os mesmos princípios de uniformidade religiosa sustentados pelas demais confissões. Fazer deles defensores da "liberdade de consciência" em pleno século XVI é anacronismo: a noção de "liberdade de consciência" não integrava o universo conceitual daquele período e seria vista com reservas pelos próprios anabatistas. O que encontramos nas fontes são sinais da existência, entre os anabatistas, da mesma atitude de estrito regramento das consciências, comum a outras expressões confessionais e cultivada ao menos no interior das comunidades religiosas quando o controle da sociedade como um todo não era possível. Em outras palavras, almejava-se, no interior das comunidades anabatistas, o controle estrito do comportamento dos fiéis; mais do que um controle externo por parte das autoridades religiosas, deveria ser um controle internalizado pelo fiel no nível da sua consciência, de tal forma que ele se tornaria o vigilante de si mesmo. Esse intenso controle disciplinar sobre pensamentos, sentimentos e comportamento não foi exclusivo dos anabatistas. Nesse particular, todos os grupos protestantes se assemelharam; e foram seguidos, como veremos, também pela Igreja Católica, que conhecerá intensa dinâmica de disciplinamento da vida dos fiéis a partir do Concílio de Trento (1545-1563).

A par dessa defesa da uniformidade religiosa que em si mesma foi característica de toda a *respublica christiana*, esses movimentos anabatistas constituíram comunidades monistas, para as quais o civil e o religioso deveriam mesclar-se; não, porém, pelo controle do civil sobre o religioso, como nos modelos de reforma vigentes nos cantões suíços (à exceção de Genebra) ou no anglicanismo, mas pelo predomínio do religioso sobre o civil. De fato, para os grupos anabatistas o civil deveria ser dissolvido no elemento religioso. Reside aí, em particular, a preferência desses grupos pelo isolamento em comunidades autossuficientes e endógenas.

Os grupos anabatistas nunca alcançaram qualquer unidade formal. A própria *Confissão de Schleitheim* nunca conseguiu eliminar as especificidades de seus diferentes "ramos". Assim, o termo geral "anabatista" recobriu, durante boa parte do século XVI, divergências importantes no campo da doutrina e da moral. Entre esses grupos havia os que negavam a doutrina da Trindade ou a divindade de Jesus Cristo. Não por acaso, esta última postura encontrou acolhida em regiões como Hungria e Transilvânia, onde os contatos com o monoteísmo otomano eram frequentes. Houve grupos que, como sinaliza o preâmbulo da *Confissão de Schleitheim*, adotaram práticas morais bastante livres em função da crença numa "liberdade" instituída pela "nova era do Espírito": para esses, em conflito direto com os padrões vigentes, as relações sexuais extraconjugais, a atribuição de uma dimensão mística ao próprio ato sexual e a tolerância em relação à mentira seriam permitidas.

A recusa por parte de todas as demais expressões confessionais fez dos anabatistas os mais perseguidos no contexto das reformas religiosas do século XVI. Mas a violência aplicada aos anabatistas não diferia muito da que era empregada contra outros indivíduos acusados de heresia: incluía tortura durante a instauração do processo e suplícios logo antes da execução. Hans Bret (?-1577), filho de pai inglês e mãe neerlandesa, foi condenado à morte na fogueira por suas crenças anabatistas. No dia da execução em Antuérpia, teve sua língua perfurada por ferro em brasa e imobilizada por um grampo de ferro, indicando a natureza específica de seu crime: propalar, com o uso da língua, convicções religiosas consideradas pervertidas.

A exceção veio por conta das Províncias Unidas do Norte dos Países Baixos, onde os anabatistas foram tolerados desde fins do século XVI. Foi nesse período que os próprios anabatistas passaram a rever sua história, negando episódios violentos como o de Münster e suavizando suas relações com o poder civil. Por força dessas reconstruções da história, Münster passou a ser representado como um momento trágico, mas que não refletiria a natureza essencial das crenças anabatistas. Em contraste com essa postura, a historiografia tem sublinhado o quanto o episódio de Münster representou a configuração mais impressionante de uma tendência de ajustamento aos moldes de uma "sociedade perfeita" que assinalou todos esses movimentos, plurais e diversos, que aprendemos a nomear como "anabatistas". Se a punição aos líderes da revolta de Münster – tortura, execução e exposição pública dos cadáveres – correspondia ao que em geral era praticado naquele século, o elemento inusitado da continuidade da exposição de seus restos mortais nas gaiolas, mesmo decorrido muito tempo, assinala o quanto a postura dos anabatistas questionou as concepções teológico-políticas então vigentes.

* * *

O que justifica a inclusão, neste capítulo, de três expressões diferentes das reformas religiosas do século XVI: o anglicanismo, os puritanos e a "reforma radical"? Algumas semelhanças unem essas propostas tão diversas. Anglicanos e anabatistas tinham em comum a concepção monista de sociedade, embora em chaves opostas. Para os anglicanos, assim como para a maior parte das reformas cantonais no continente europeu, o poder civil deveria sobrepor-se e abarcar o elemento religioso, que funcionaria em seu interior e sob sua proteção; para os anabatistas, dissolvida a sociedade no interior da Igreja, restaria, numa situação ideal, apenas a comunidade religiosa.

Os puritanos, de forma geral, viam a fé em termos de experiência e de compromisso que lembravam as ênfases dos anabatistas. Para eles, assim como para os anabatistas, o mundo se dividia em duas categorias: os santos e os profanos, os salvos e os perdidos. Embora os puritanos variassem nas críticas ao modelo paroquial, nada estava mais distante deles do que a ideia de que uma mera conformação externa às cerimônias da Igreja oficial seria considerada satisfatória. No que tange às ligações com o poder civil, contudo, havia diferenças importantes em relação aos anabatistas. Anglicano-puritanos, assim como presbiterianos e independentes, viam como necessário o papel dos magistrados, o qual era firmemente rejeitado pelos anabatistas.

Os puritanos separatistas desejavam viver sua fé nas igrejas locais, surgidas como fruto do pacto de seus membros, e não em igrejas paroquiais que abarcariam a totalidade da população de um bairro ou setor. Como os anabatistas, rejeitavam qualquer ingerência por parte da autoridade civil. Embora mantivessem em sua maioria o batismo de crianças, as igrejas separatistas eram congregações "de santos", ou seja, daqueles capazes de professar a experiência de uma fé viva em Jesus Cristo. Ao mesmo tempo, essas igrejas não esperavam por privilégios oferecidos pelo poder, à parte da liberdade para existir como comunidade de fé. Outras questões civis, como o exercício da magistratura, a prestação de juramentos e de serviço militar pelo fiel, não representavam problema para os separatistas.

Mas os separatistas encarnaram de forma muito intensa essa lógica da "separação", em grande medida por força de seu distanciamento físico do culto oficial. Fizeram-no num processo de internalização: o separatista continuava no seio da sociedade, comprando e vendendo, mas tinha em relação àqueles que se encontravam "perdidos" um senso de distância tão agudo quanto aquele presente entre os anabatistas.

Ao longo do século XVII surgiram os batistas ingleses, acoplando a um forte congregacionalismo (a convicção, muito cara a independentes e separatistas, de que a igreja local era unidade autônoma e dotada de autogoverno, baseada num compromisso de aliança entre seus membros) a ênfase no batismo de adultos. À moda dos menonitas, evitaram cuidadosamente os extremos místicos e desvios doutrinários; de forma característica, aferraram-se a uma teologia calvinista estrita. Sem chegar à posição anabatista de um rompimento com a totalidade da sociedade, continuaram a afirmar a incompetência do poder civil em matéria religiosa. Nesse particular, ecoaram convicções comuns tanto a separatistas quanto a anabatistas.

Após 1660, quando a monarquia Stuart e a antiga estrutura episcopal anglicana foram restauradas na Inglaterra, os puritanos perderam suas esperanças de uma reforma da Igreja inglesa a partir do poder civil. No dia 24 de agosto de 1662 – dia de São Bartolomeu, numa referência proposital ao massacre dos huguenotes, ocorrido na França 90 anos antes –, o rei Carlos II (1630-1685), através de novo Ato de Uniformidade, forçou os clérigos puritanos que ainda estavam na Igreja da Inglaterra a abandonar a instituição e aventurar-se na clandestinidade religiosa. A partir daí, a posição separatista tornou-se norma entre os puritanos. Tinha origem o "não conformismo" inglês, cujos direitos à existência seriam reconhecidos em 1689.

Reformas católicas e Contrarreforma

A COMPANHIA DE JESUS

As pesquisas historiográficas mais recentes deixaram claro que não podemos falar de reformas no interior da Igreja Católica apenas como reação às iniciativas protestantes. Um amplo leque de reformas foi tentado no catolicismo anterior a Lutero. O próprio protesto luterano não pode ser dissociado desse ambiente assinalado pelas expectativas de uma reforma compreendida tanto como revitalização da fé quanto como correção de abusos verificados na estrutura da Igreja.

É como fruto desse mesmo ambiente que devemos situar o surgimento da Companhia de Jesus. Durante muito tempo, a *Societas Iesu* ("Sociedade" ou "Companhia de Jesus") foi vista como expressão máxima da Contrarreforma católica. Todavia, um estudo cuidadoso das origens da Companhia nos mostra que, independentemente do papel que ela viria a desempenhar nos esforços contrarreformistas, o ideário antiprotestante não ocupou, nem de longe, centralidade nas motivações iniciais de seu fundador, Inácio de Loyola (1491-1556), e de seus companheiros. O termo *"reformatio"* ("reforma") aparece pouco nos escritos jesuíticos mais antigos, sempre vinculado a uma ideia de "conversão pessoal", em sintonia com o uso do termo pelos antigos Pais da Igreja, e não com o uso mais institucional de reforma das estruturas da Igreja, comum a partir do século XI. Loyola e a Companhia de Jesus não podem, assim, ser atrelados apenas aos esforços por correção institucional, conduzidos na Igreja Católica em diferentes ocasiões e que foram o foco central do Concílio de Trento (1545-1563). A ligação primordial de Loyola seria com uma perspectiva de revitalização da fé e de sua prática no seio da sociedade. Essa perspectiva não era nova, já que houve numerosas iniciativas do gênero nos séculos precedentes, mas Inácio soube dar a ela tons bastante originais.

A atividade missionária, ou seja, o esforço por levar a fé cristã a territórios ainda não alcançados por ela, e que foi a grande preocupação dos jesuítas desde o início de sua história, não tem nenhuma relação com o Concílio de Trento, que não decidiu nada sobre a questão. Assim, embora os jesuítas tenham apoiado as medidas do Concílio de Trento, sua agenda era prévia e incluía, desde cedo, aspectos que o Concílio incorporaria apenas em sua fase final, como a preocupação catequética e a ênfase na pregação. Ao mesmo tempo, a Companhia mantinha intensa desconfiança de uma das medidas centrais adotadas pelo Concílio, o fortalecimento das dioceses episcopais. Os jesuítas temiam que a autoridade dos bispos pudesse limitar sua ação enquanto missionários e pregadores, o que viria a acontecer em diversas ocasiões.

Finalmente, após 1555, um discurso de oposição ao protestantismo, em todas as suas configurações, passou a crescer na Companhia de Jesus, insuflado pelo próprio Loyola com vistas a sublinhar a utilidade da Companhia para os fins desejados pela Igreja. Dessa forma, o atrelamento da Companhia a uma agenda contrarreformista correspondeu a uma estratégia inaciana, a partir de uma nítida percepção daquilo que seria mais conveniente para os jesuítas. Tal percepção não cancelou as motivações religiosas de Loyola e de seus companheiros, convencidos dos equívocos daqueles que, em nome da reforma da Igreja, se separaram de Roma. Embora não exclusivamente antiprotestantes, Inácio e seus companheiros eram visceralmente católicos.

Inácio nasceu no castelo de Loyola, em território basco situado no nordeste da Espanha, e foi batizado como Íñigo Lopez. A mudança de seu nome ocorreu apenas a partir de 1528, quando se tornou estudante em Paris e passou a assinar "Inácio" por julgar, erroneamente, tratar-se de uma tradução de "Íñigo". Inácio recebeu a educação cavalheiresca, própria de seu estamento, em Arévalo, junto a João Velázquez de Cuéllar, tesoureiro-mor do rei Fernando de Aragão. Em 1521, defendia a cidade de Pamplona do avanço dos franceses, que lutavam contra o imperador Carlos V. Nessa ocasião, sofreu o acidente que o tirou para sempre da vida militar: sua perna foi ferida por uma bala de canhão. Cirurgias dolorosas conseguiram salvar-lhe a perna, mas não o livraram de uma coxeadura pelo resto da vida.

Durante os longos meses de convalescença no castelo da família, Inácio se pôs a ler a *Legenda Dourada* de Jacopo de Voragine (c.1230-1298) e a *Vida de Cristo* de Ludolfo da Saxônia (c.1295-1378). Segundo ele, tais leituras levaram-no a se decidir por uma entrega à vida monástica, para a qual se dispôs a votar o mesmo empenho que dedicara, antes, às artes da guerra. Um movimento surpreendente, se considerarmos não apenas seu apego anterior ao ideal de bravura, mas também sua vida até então marcada por licenciosidade: o próprio Inácio afirmou, mais tarde, ter sido nesses anos *satis liber in mulierum amore*, "bastante livre no amor das mulheres". Independentemente de como consideremos essa guinada, é ilustrativo que Inácio tenha começado sua autobiografia resumindo todo o período anterior à sua conversão numa única frase: "Até os 26 anos de idade, foi homem entregue às vaidades do mundo".

A "nova vida" de Inácio teve início, simbolicamente, no mosteiro beneditino de Montserrat, na Catalunha. Reformado no início do século XVI pelo arcebispo de Toledo, cardeal Jiménez de Cisneros, o mosteiro exigia dos noviços uma disciplina de confissão de pecados, sob a direção de um "mestre dos noviços". Inácio submeteu-se a essa disciplina e, após três dias do que considerou um intenso autoexame, confessou-se e recebeu a absolvição sacramental. Como lemos na *Autobiografia*, ditada por Inácio ao jesuíta Luís Gonçalves da Câmara (c.1519-1575) entre 1553 e 1555, após uma noite de vigília em Montserrat, diante da imagem de Nossa Senhora, ele deixou aos pés da imagem sua espada e sua adaga, símbolos da antiga vida, assumindo em lugar deles o cajado de peregrino e a roupa de mendigo.

Inácio pretendia tomar o rumo de Jerusalém, como peregrino, mas antes se consagrou à oração na pequena cidade de Manresa, próxima a Barcelona. De acordo com Pedro de Ribadeneira, jesuíta e um de seus primeiros biógrafos, Inácio chamou aqueles dias em Manresa de sua "igreja primitiva", o que é bastante significativo: em todos os ideários reformadores surgidos no catolicismo ao longo do período medieval, a figura da Igreja primitiva e de sua pureza se colocava sempre como padrão e como inspiração.

Alguns estudiosos sustentam que as linhas gerais dos *Exercícios espirituais*, elaborados por Inácio e que se tornaram uma das contribuições mais originais dos jesuítas no contexto de reforma do catolicismo, teriam surgido em Manresa, a partir de sua experiência anterior com um "diretor espiritual" (no caso, o mestre dos noviços em Montserrat) e da profunda sondagem de consciência que o antigo militar experimentou durante esse período de reclusão.

Retrato de Inácio de Loyola (1556) feito por Jacopino de Conte.
[Cúria Generalícia da Companhia de Jesus, Borgo Santo Spirito, Roma]

Inácio chegou a Jerusalém no outono de 1523. Impedido de permanecer ali pelos franciscanos, responsáveis pelos peregrinos diante das autoridades otomanas, ele retornou à Europa e à sala de aula. Entre 1524 e 1526, dedicou-se ao estudo do latim. Ao se sentir habilitado, transferiu-se em 1526 para a Universidade de Alcalá, que fora fundada pelo cardeal Cisneros como um baluarte dos estudos humanísticos na Espanha.

Foi em Alcalá que Inácio, servindo-se dos *Exercícios* que idealizara, começou a orientar outras pessoas numa jornada espiritual semelhante àquela que ele havia experimentado. Também se dedicou, nas ruas, a ensinar ao povo simples os rudimentos da fé católica. Seus primeiros adeptos juntaram-se a ele nesses dias.

Nesse período, Inácio teve suas primeiras dificuldades com a Inquisição espanhola. Acusado de ser um *"alumbrado"* ("iluminado"), passou 42 dias no cárcere. O designativo *alumbrado* caracterizava toda uma fermentação mística em curso na Espanha, vista pela Inquisição como heterodoxa e culpada de desvios morais. Dispensado sem processo, Inácio foi instruído a parar de falar em público sobre assuntos religiosos. Em 1527, Inácio e quatro companheiros mudaram-se para Salamanca, dispostos a continuar, numa das Universidades mais tradicionais da Europa, sua formação. Novamente sob suspeita, Inácio foi detido e um manuscrito de seus *Exercícios Espirituais* foi examinado pelos juízes. Liberado a seguir, Inácio recebeu autorização para ensinar aspectos básicos da doutrina católica. Apesar da nova absolvição, ele achou por bem deixar Salamanca. Rumou com seus companheiros para Paris, onde chegaram em fevereiro de 1528.

A *Autobiografia* de Loyola é muito sucinta sobre os anos em Paris, que se estenderam até 1535, quando Inácio recebeu o título de Mestre em Artes. Não se encontra no texto qualquer menção às agitações introduzidas na cidade pelas pregações luterana e reformada. Mas é nesse contexto que emergem, no relato, os nomes dos companheiros Pedro Fabro (ou Pierre Favre, 1506-1546) e Francisco Xavier (1506-1552). Ali também se juntaram ao grupo Diego Laínez (1512-1565), que sucedeu Inácio como superior geral da Companhia, e Alfonso Salmerón (1515-1585). Em 1537, o grupo encontrava-se em Veneza: os planos eram tentar, de novo, a ida para a Terra Santa, ou então ir a Roma e oferecer seus serviços ao papa. Numa visita a Roma, graças a personagens ligados a Catarina de Aragão (a esposa rejeitada por Henrique VIII), os companheiros tiveram acesso ao papa Paulo III (1468-1549), que concedeu a eles o privilégio de serem ordenados como sacerdotes por qualquer bispo que escolhessem. Em junho desse ano, seis deles, incluindo Inácio, receberam a ordenação sacerdotal.

Data dessa época, também, a denominação "Companhia de Jesus". O termo não tinha conotação militar; o vocábulo latino *societas* tem apenas os sentidos de "associação", "união", "comunidade", "sociedade". A escolha da palavra denota a falta de inclinação de Inácio por transformar seu grupo numa nova ordem monástica. Ele tinha em vista algo mais dinâmico: uma fraternidade de pregadores dedicados a dar instrução religiosa adequada ao povo e, onde fosse necessário, a evangelizar os que ainda não fossem católicos.

Inácio não mais deixaria Roma. A intenção de ir a Jerusalém foi substituída por outra visão: a edificação de uma Companhia de missionários que se comprometeria a trabalhar "para maior glória de Deus" (*ad maiorem Dei gloriam*, frase que se tornou o mote dos jesuítas). Os contatos com figuras importantes da hierarquia católica explicam o rápido sucesso da Companhia: Ortiz, teólogo que esteve por trás de uma das acusações contra Inácio, foi conduzido pessoalmente por ele, durante 40 dias, nos *Exercícios Espirituais*. O cardeal Gasparo Contarini (1483-1542), que anos depois, no colóquio de Ratisbona, participou da última tentativa de conciliação entre católicos e luteranos, também fez os *Exercícios* nessa época, provavelmente instruído por Inácio.

Contarini foi fundamental na aprovação da Companhia por parte do papa. Foi através dele que Inácio conseguiu encaminhar ao pontífice o texto conhecido como "Cinco capítulos", base para o primeiro dos documentos fundacionais da Companhia, a *Fórmula do Instituto*. Na Cúria, levantaram-se objeções quanto ao sentido exato do significado do voto de obediência ao papa e recordou-se que a prática da Cúria vinha sendo a de negar autorizações para novas ordens. Por influência de Contarini, o papa Paulo III aprovou o texto. Em 27 de setembro de 1540, através da bula *Regiminis militantis ecclesiae* ("Para o governo da Igreja militante"), a Companhia de Jesus passou a ser reconhecida pela Igreja, embora, nesse momento, com número total de integrantes limitado a 60. A essa altura, a Companhia contava com aproximadamente 30 membros, em sua maioria oriundos da elite universitária.

Esse detalhe nos revela algo sobre o modo de atuação dos jesuítas. A estratégia da Companhia era encontrar indivíduos capacitados, do ponto de vista das aptidões intelectuais, que pudessem ser empregados nas atividades às quais os jesuítas pretendiam se dedicar: evangelização, pregação, catequese e ensino. O "recrutamento" era feito através dos *Exercícios Espirituais*, para os quais o candidato em potencial era convidado.

O papel dos *Exercícios*, portanto, era, desde o início, fundamental para a proposta inaciana. A porta de entrada para o trabalho na Companhia era uma *reformatio* ("reforma") de caráter pessoal, baseada no acurado exame de si mesmo sob a orientação de um diretor espiritual. Ao contrário de outros escritos religiosos muito divulgados, como foi o caso do *De imitatione Christi*, os *Exercícios Espirituais* não se destinavam à leitura do iniciado; o livro era um manual para o diretor espiritual, que deveria, com base nas instruções bastante práticas do texto, guiar o iniciado ao longo das semanas cobertas pelo exercício.

Há outro aspecto curioso nesse processo de recrutamento utilizado pelos jesuítas e para o qual esse texto inaciano era tão importante. Ao contrário das ordens monásticas mais antigas, a Companhia de Jesus nasceu já com uma clara percepção do potencial presente no *leigo*, aquela pessoa que, embora imbuída de fé católica, não tinha condições de se comprometer com os votos monásticos mais estritos de pobreza, castidade e obediência. Em particular, havia uma notória sensibilidade para com o papel que poderia ser desempenhado, na vida e nas missões católicas, pelo *leigo casado*, aquele que havia feito opção pelo matrimônio.

Para os *Exercícios Espirituais*, portanto, não eram convidados apenas candidatos a um engajamento "em tempo integral" com a Companhia. Eruditos, juristas, ricos comerciantes e cortesãos também eram cooptados desse modo. O resultado foi a formação de uma base composta por leigos influentes, capaz de dar suporte ao movimento. O intenso comprometimento com a piedade católica, que resultava da participação no processo de "iniciação" através dos *Exercícios*, encontra-se por trás de boa parte da revitalização experimentada pelo catolicismo nesse período.

No caso da aplicação dos *Exercícios* a solteiros, parte importante era instruir o iniciado nos modos pelos quais ele poderia ouvir mais adequadamente a voz de Deus e, assim, discernir melhor se, no seu caso específico, Deus o orientava para o casamento ou, alternativamente, para o celibato e a vivência clerical. Em ambos os casos, pressupunha-se que o discernimento da vontade de Deus habilitaria o iniciado a viver frutiferamente sua vocação, fosse no matrimônio, fosse no celibato.

A Companhia experimentou, desde os primeiros anos após sua aprovação, um crescimento intenso. A limitação inicial em 60 membros, colocada pela bula *Regimini militantis ecclesiae*, não tardou a ser suprimida e a requisição constante dos esforços jesuíticos, por parte da hierarquia católica e também de governantes seculares, levou a uma expansão extraordinária de sua esfera de atuação. Já em fevereiro de 1538, antes mesmo da aprovação da Companhia por Roma, o humanista português Diogo de Gouveia, o Velho (1471-1557), escrevia ao seu monarca, o rei D. João III (1502-1557), sugerindo a ele que se esforçasse por trazer os jesuítas aos domínios portugueses no ultramar, como forma, entre outras coisas, de evitar o avanço dos franceses naquelas terras. Em resposta, o rei D. João III escreveu a seu embaixador em Roma, solicitando que se fizesse o necessário para convencer a Companhia a aceitar esse encargo.

Em 1542, Francisco Xavier já se encontrava em Goa, na Índia, sob patrocínio do monarca português. Em 1549, os primeiros missionários jesuítas chegavam à América portuguesa. Pouco mais de 30 anos após sua aprovação pelo papa, a Companhia estava presente nas "quatro partes do mundo" então conhecidas: África, América, Ásia e também na Europa, onde a missão logrou encontrar suas "Índias de cá", em oposição ao ultramar, as "Índias de lá": as "Índias de cá" eram os territórios europeus onde a fé católica existia havia séculos, mas estava misturada ao que os jesuítas consideravam "superstição" e devia ser depurada através da catequese.

A expansão das rotas comerciais e sua interligação numa rede de proporções mundiais foi um fator de importância nesse avanço da Companhia. Para os jesuítas, a expansão portuguesa foi o principal caminho para, a partir da Europa, atingir as outras três partes do mundo. O caso da penetração comercial portuguesa no Japão, onde a permissão para o trabalho dos jesuítas foi elemento condicionador do estabelecimento dos tratos comerciais, fornece um exemplo interessante.

Uma das chaves para essa extraordinária expansão dos jesuítas foi a combinação entre os conceitos de "prudência" e de "acomodação". A ideia de *accommodatio* levava os jesuítas a procurar se adaptar às circunstâncias específicas que encontravam em cada local de atuação. Com isso, esses missionários demonstraram, dentro dos limites possíveis em sua própria época, grande sensibilidade para com as diferenças culturais. Mas a acomodação precisava ser implementada a partir da *prudência*, que significava, para os jesuítas, a capacidade de escolher em cada circunstância o curso de ação mais adequado. Num contexto em que as comunicações entre os diferentes postos missionários e a sede da Companhia, em Roma, eram sujeitas a demoras prolongadas, essa capacidade de decidir com base na prudência, ou seja, no que consideravam a escuta adequada da vontade de Deus em atenção aos propósitos básicos da Companhia, era algo de valor inestimável.

A Companhia de Jesus também se destacou, tanto na Europa quanto no ultramar, no terreno da educação. Três anos após sua oficialização, a Companhia inaugurou um colégio em Pádua, junto à Universidade. Seguiram-se uma escola de nível secundário em Messina, na Sicília (1548) e um Colégio Germânico em Roma (1552). Na década de 1550, a expansão educacional jesuítica se deu principalmente em terras germânicas, com apoio da nobreza católica, interessada em consolidar a fé tradicional contra os avanços evangélicos e reformados. O exemplo do arquiduque Carlos II da Áustria (1540-1590) é ilustrativo: num contexto de grande crescimento do protestantismo, o duque patrocinou a fundação de um colégio jesuítico em 1573 na cidade de Graz. Apesar da oposição do Conselho municipal, fortemente protestante, o ensino oferecido gratuitamente teve um enorme apelo. Em 1585, a escola da Companhia tornou-se Universidade e desempenhou papel de destaque no fortalecimento da fé católica, preparando o terreno para a expulsão das famílias protestantes na geração seguinte (1628).

A ênfase na missionação, a procura por candidatos a partir da iniciação nos *Exercícios Espirituais*, a valorização do papel dos leigos, as noções de "acomodação" e de "prudência" numa atenção inédita para com o processo de decisão do indivíduo, representam aspectos bastante originais da atividade jesuítica. Poderíamos dizer outro tanto de sua impressionante habilidade gestora. Candidatos a membros da Companhia eram instruídos a preencher questionários onde expunham suas trajetórias espirituais e aspirações, argumentando em prol de seu ingresso. O estudo desses questionários constitui uma riquíssima fonte para a História Social europeia de inícios da Época Moderna. Boa parte desse interesse despertado nos candidatos (em sua maioria jovens) vinha das correspondências jesuíticas, publicadas e divulgadas em todo o continente europeu. Os missionários eram orientados a escrever com regularidade, produzindo as chamadas "cartas edificantes", onde narravam suas experiências nos campos missionários e apelavam por novos integrantes dispostos ao trabalho.

Mas há um aspecto que ainda merece destaque. Os *Exercícios Espirituais* consagraram à imaginação um lugar inédito na história das devoções cristãs. É o caso do exercício de meditação acerca do inferno, ao qual o iniciado, já na primeira semana, deveria ser conduzido pelo diretor espiritual.

Meditando sobre o inferno

"[66] Verei, com os olhos da imaginação, os grandes fogos e as almas como que em corpos incandescentes. [67] Escutarei com os ouvidos, prantos, alaridos, gritos, blasfêmias contra Cristo e contra todos os seus santos. [68] Sentirei com o olfato, o cheiro de fumo, enxofre, imundície e podridão. [69] Procurarei com o gosto saborear coisas amargas, assim como lágrimas, tristezas e o remorso da consciência. [70] Tocarei com o sentido do tato essas chamas, sentindo como elas envolvem e abrasam as almas."

Inácio de Loyola, *Exercícios Espirituais*, Primeira Semana, Quinto Exercício (os números entre colchetes indicam os parágrafos, seguidos em todas as edições do texto).

É impressionante a sensorialidade presente nesse fragmento: o iniciado é convidado a fazer uso de todos os seus sentidos nesse esforço por imaginar o destino eterno daqueles que "pereceram sem Deus". Visões e pensamentos acerca do inferno já eram frequentes nas tradições devocionais católicas: os tímpanos das grandes igrejas medievais e a *Divina Comédia* de Dante estão repletos dos resultados do exercício imaginativo em torno do tema. Mas uma tal mobilização dos sentidos, feita não de forma individual ou aleatória, mas de modo programático, sob orientação de um mestre, era algo novo em termos da devoção católica.

O papel do "atento exame interior" também não era desconhecido das práticas católicas. Os *Exercícios Espirituais*, contudo, deram ao escrutínio interior uma feição e uma intensidade novas. O gráfico adiante foi proposto por Inácio para facilitar o acompanhamento dos progressos do indivíduo em relação aos pecados que cometia. Esse exame particular deveria ser feito ao longo do tempo de duração dos exercícios. A letra G maiúscula indica o domingo; as letras minúsculas indicam os dias sucessivos, de segunda a sábado. Para cada dia há duas linhas, correspondendo aos dois exames de consciência diários, ao meio-dia e após a refeição da noite. O iniciado deveria percorrer hora por hora do período situado entre cada exame e assinalar, na linha correspondente, "tantos pontos quantas forem as vezes que incorreu naquele pecado particular ou defeito" (*Exercícios*, parágrafo 25). O objetivo era, pela extensão das linhas, verificar "se houve emenda da primeira linha para a segunda, isto é, do primeiro para o segundo exame" (parágrafo 28). Também deveriam ser comparados os exames de um dia com os do dia anterior, e os de uma semana com os da semana anterior (parágrafos 29 e 30). Em outras palavras, o trabalho interior de avanço moral, na luta contra o pecado, ganha no gráfico um referencial visível.

Gráfico composto por Inácio de Loyola para acompanhamento da evolução individual em relação aos pecados cometidos. *Exercícios Espirituais*, parágrafo 31.

É impossível falar da Companhia de Jesus apenas em termos de sua participação ativa nos esforços de contrarreforma empreendidos pela Igreja Católica. Sem dúvida ela participou desses esforços, assim como constituiu uma fortaleza contra as expressões protestantes de reforma. Todavia, a Companhia de Jesus foi mais do que isso. Foi também um programa intenso de renovação da devoção católica, de "*reformatio*" no pleno sentido da palavra.

As reformas católicas, contudo, também foram marcadas por aspectos mais institucionais e disciplinares. Nesse sentido, cabe falar do Concílio de Trento e do catolicismo proposto por esse que, durante muito tempo, imaginou-se ser o último Concílio da Igreja Católica.

O CONCÍLIO DE TRENTO (1545-1563)

Durante as décadas de 1520 e 1530, o Concílio foi a grande expectativa da Cristandade latina. A impressão daqueles que permaneceram na estrutura da Igreja romana era de que somente ele poderia resolver o problema suscitado pelo "cisma" luterano. Já os dissidentes tinham por certo que somente o Concílio poderia dar à Igreja a reforma de que ela tanto carecia e que era solicitada por tantas vozes.

O imperador Carlos V era favorável ao Concílio e pressionou a Cúria romana pela sua realização. Já a Cúria resistia à ideia; além das ingerências do imperador, temiam-se os resultados do Concílio. Imaginava-se que, uma vez colocado nas mãos dos bispos o tema das reformas, isso poderia conduzir a mudanças que escapariam ao controle do papa. O esforço reformador poderia caminhar na direção de uma reforma da própria Cúria pontifícia, cujos hábitos principescos e interesses políticos eram notórios.

Paulo III (1468-1549), papa desde 1534, não tinha o perfil de um reformador: dado ao nepotismo e com uma amante que lhe deu quatro filhos, representava precisamente aquilo que os sequiosos por reforma desejavam eliminar. Mesmo assim, Erasmo de Rotterdam dirigiu-se a ele, numa correspondência escrita com o máximo de elegância humanista, afirmando seus votos de que, assim como Paulo de Tarso sanara as querelas da Igreja de seu tempo, também Paulo de Roma encontraria a solução para "as chagas recentes experimentadas pelo corpo de Cristo". Esse paralelo com uma figura apostólica pouco parece ter comovido o "Paulo de Roma". No entanto, pressões diversas acabaram levando-o a instituir, em 1536, uma Comissão de prelados cuja finalidade era discutir os caminhos pelos quais uma reforma da Igreja deveria ser conduzida. O resultado do trabalho dessa Comissão foi o documento *Consilium de emendanda ecclesia* ("Concílio sobre como a Igreja deve ser corrigida").

Entre os autores desse documento estavam Gian Matteo Giberti (1495-1543), bispo de Verona que, anteriormente, realizou importantes reformas em sua diocese; Gian Pietro Carafa (1476-1559), arcebispo de Nápoles que fundara, na década de 1520, a rigorosa Congregação dos Clérigos Regulares, conhecida como "teatinos" (denominação derivada de "Theate", nome latino da cidade de Chietti, na Itália central); e os cardeais Reginald Pole (1500-1558) e Gasparo Contarini (1483-1542), conhecidos como *"spirituali"* ("espirituais") e que tinham simpatias e relações com os luteranos. Do caráter improvável desse grupo prestam testemunho as trajetórias de Carafa e de Contarini: Carafa vinha se notabilizando pela oposição intransigente aos protestantes; Contarini, de seu lado, integraria em 1541 o colóquio de Ratisbona e seria um dos responsáveis pela produção de sua "fórmula de consenso" sobre a justificação pela fé.

Apesar dessas diferenças internas, a Comissão chegou a uma proposta de reforma que pedia até mesmo o fim da maior parte das ordens religiosas, com permissão apenas às mais rigorosas para continuar existindo. O projeto também previa um controle estrito sobre as finanças da Igreja. Era percorrido pela ideia de que a reforma da Igreja começava por uma reforma do papado. Recebido por Paulo III em 1537, o documento não provocou mudanças imediatas. Algumas de suas sugestões, no entanto, seriam depois incorporadas pelos decretos do Concílio de Trento.

O Concílio dependia de fatores de ordem política. Seria preciso que bispos do reino da França e dos territórios germânicos tomassem assento e deliberassem em conjunto, algo que as frequentes guerras entre o rei da França e o imperador tornavam impossível. Além disso, um Concílio que pretendesse superar o "cisma" deveria contar com a presença dos luteranos e das demais facções protestantes, as quais, enquanto isso, apenas se multiplicavam. Cada ano de atraso, na prática, tornava mais difícil a realização de um Concílio que fosse efetivamente conciliador. Em 1542, ano da morte de Contarini, Gian Pietro Carafa tornou-se uma peça-chave no estabelecimento da Inquisição romana. Ali, Carafa se entregou ao que considerava o chamado divino para sua vida: promover uma "guerra espiritual" contra o luteranismo.

Em 1545, ainda sob o pontificado de Paulo III, o Concílio teve início na cidade de Trento, a meio caminho entre Roma e os territórios imperiais. Estava longe da imagem idealizada por católicos e dissidentes ao longo das décadas anteriores. A abertura oficial foi adiada várias vezes, por causa da reduzida assistência dos bispos. Quando afinal foi possível juntar número suficiente, a abertura se deu, em dezembro de 1545, com 21 bispos, 4 cardeais e 4 arcebispos. Nenhum deles era germânico e a maioria era composta por italianos. Não havia luteranos ou representantes das outras expressões dissidentes de reforma.

A primeira fase do Concílio se estendeu até março de 1547. Sua mais importante realização foi a produção de um decreto sobre o problema da redenção que condenava diretamente a postura luterana da justificação somente pela fé. A solução de consenso, construída por Contarini e pelos teólogos católicos e protestantes reunidos em Ratisbona (1541) também foi rejeitada.

Transferido para Bolonha em 1547, o Concílio ficou inativo até maio de 1551, quando foi novamente reunido em Trento, num contexto político complexo: o rei da França proibiu seus bispos de tomarem parte. Em 1549, Paulo III morrera. Seu sucessor, Júlio III (1487-1555), foi o responsável pela reabertura dos trabalhos conciliares. Todavia, era um "candidato de compromisso", pressionado pelas desavenças entre a facção francesa, que favoreceu sua eleição, mas desejava abortar o Concílio, e a facção do imperador, que ansiava por fazer a reunião avançar. Como resultado da pressão por parte da facção francesa, que ameaçava Roma com a possibilidade de um rompimento à moda do realizado pela Igreja Anglicana, Júlio III suspendeu o Concílio em 1553.

Após a morte de Júlio III em 1555, foi eleito Marcelo II (1501-1555), um sacerdote que exercera funções como secretário de Paulo III. Marcelo Cervini, que conservou como papa seu nome de batismo, era um homem da administração da Igreja. Sua eleição representou, mais uma vez, a vitória do partido francês contra os interesses do imperador.

De saúde frágil, Marcelo faleceu 22 dias após sua eleição. Para substituí-lo, o conclave de cardeais escolheu Gian Pietro Carafa, que assumiu o nome de Paulo IV. Papa entre 1555 e 1559, ele fez pouquíssimo no sentido de continuar os trabalhos conciliares. Obcecado pelo controle da heresia, Paulo IV via nisso, e não tanto nas discussões teológicas do Concílio, a saída mais adequada para a crise enfrentada pela Igreja. Como um de seus últimos atos, Paulo IV criou, no ano de sua morte, o *Index librorum prohibitorum*, o "Índice de livros proibidos" da Inquisição romana. A lista incluía a obra completa de Erasmo de Rotterdam.

O sucessor de Carafa no papado foi Pio IV (1499-1565), descendente de um ramo da casa dos Medici. Sob Pio IV o Concílio foi retomado (1561). Essa última fase durou até novembro de 1563, quando os trabalhos conciliares foram oficialmente encerrados. Foi a mais concorrida de todas as etapas do Concílio e também a que produziu maior número de documentos. No cenário político, algo importante havia mudado: ameaçada pelas lutas religiosas internas entre católicos e huguenotes, a França passara a ter interesse em apoiar o Concílio.

Fenômeno complexo, que se arrastou por 18 anos com intermitências irritantes, o Concílio de Trento conduziu a resultados diversos daqueles esperados pelos que lutaram por sua realização. Todavia, foram resultados decisivos. Trento moldou a forma de ser da Igreja latina pelos quatrocentos anos seguintes. Dadas as dificuldades de seu percurso, com baixa adesão episcopal durante a maior parte do tempo de sua realização e, consequentemente, com uma representatividade duvidosa, os resultados foram surpreendentes. No dizer de um historiador inglês, "um ninho de camundongos pariria uma montanha".

Trento deu importância central ao fortalecimento das posições tradicionalmente defendidas pela Igreja. Nesse aspecto, o Concílio pode ser compreendido como parte do esforço contrarreformista católico, uma vez que reagiu às posições evangélicas e reformadas. Assim, os decretos conciliares estabeleceram a doutrina católica sobre a justificação a partir da recusa à fórmula luterana, não obstante as eventuais concordâncias de teólogos e sacerdotes católicos com a noção de justiça pela fé. De igual modo, a doutrina sobre as Escrituras foi estruturada para sublinhar a distância em relação aos protestantes: frente ao *Sola Scriptura* ("Somente a Escritura") luterano e reformado, o Concílio reafirmou a *tradição*, ao lado do texto bíblico, como fonte de autoridade. Se a perspectiva luterana primava pelo direito do cristão de interpretar a Bíblia independentemente da hierarquia eclesiástica, Trento optou por uma dupla mediação: o texto bíblico deveria chegar ao fiel mediado pelo magistério da Igreja, a única instituição autorizada a interpretá-lo corretamente; e esse texto deveria ser lido na *Vulgata*, a tradução para o latim feita por Jerônimo entre os séculos IV e V. Outras traduções ou versões para o vernáculo eram descartadas.

Trento encorajou as devoções aos santos, principalmente a devoção mariana; frisou a importância dos sete sacramentos, contra a redução protestante a apenas dois; e, de uma forma muito especial, privilegiou o sacramento da confissão de pecados feita em particular ao sacerdote.

Acreditava-se que o Concílio enfraqueceria a autoridade do papa em prol de uma reforma da Igreja conduzida pelos bispos, numa espécie de reedição da ênfase "conciliarista" observada nos séculos XIV e XV. Deu-se exatamente o contrário. Num contexto em que apenas bispos tinham direito a voto (nos Concílios de Constança e Basileia, no século anterior, esse direito fora estendido também a teólogos e outros sacerdotes com delegação para participar das reuniões), a autoridade do papa saiu fortalecida, em grande medida por causa da presença maciça de bispos italianos, mas também devido ao tino administrativo dos clérigos que conduziram as sessões, todos leais aos papas.

Essa reforma institucional também fortaleceu o papel dos bispos, não no governo da Igreja universal, como pretendiam os "conciliaristas", mas enquanto delegados da autoridade do papa em suas dioceses. Produziu-se a partir de Trento a imagem do bispo fiel a Roma, chamado a comparecer *ad limina apostolorum* ("ao limiar dos apóstolos", ou seja, em visita ao papa) ao menos uma vez na vida e que teria como compromisso a implantação, em sua diocese, das diretrizes estabelecidas pela Igreja. Uma imagem que não se reproduziu imediata e amplamente, até porque a recepção das decisões de Trento foi muito irregular, com atrasos significativos em várias regiões, mas que se consumou na atitude "ultramontana" característica do episcopado católico no século XIX: independentemente de onde exercessem seus ministérios, esses bispos tinham sua fidelidade colocada além-Alpes, em Roma.

Seria incorreto afirmar que Trento criou a noção do bispo como "pastor" de sua diocese. Essa noção já integrava a doutrina católica sobre a Igreja desde muito tempo. O que Trento fez foi reforçar a prática dessa ideia, reagindo a uma situação onde, não raramente, o bispado era visto como um "benefício" a ser usufruído por seu possuidor, sem qualquer compromisso com o estado espiritual dos cristãos que pertenciam àquela diocese. Esse descaso para com o pastoreio do povo era evidente no caso dos prelados que detinham mais de uma diocese e, eventualmente, não residiam em nenhuma delas. A ligação do bispo com sua diocese foi estreitada e a residência do bispo no local de seu ofício passou a ser exigência incontornável.

O problema da preparação adequada dos sacerdotes, outra queixa frequente dos que pediam reformas na Igreja, também foi enfrentado por Trento. Neste particular, o Concílio inovou de forma decisiva: criou os *seminários* como instituições de preparação dos padres seculares, ou seja, daqueles que deveriam viver e ministrar no "mundo" (*saeculum*), submetidos à autoridade do bispo diocesano. Regidos por estrita disciplina intelectual e moral, os seminários seriam instrumento importante para a padronização do clero católico. De igual modo, Trento supriu esses padres com recursos para facilitar seu trabalho enquanto doutrinadores do povo: o *Catechismus tridentinus* ("Catecismo Tridentino" ou "de Trento", 1566) tornou-se o modelo para os catecismos católicos até ser substituído, no século XX, pelo catecismo elaborado após o Concílio do Vaticano II (1962-1965). Juntamente com outro documento conciliar, a *Professio fidei tridentina* ("Profissão de fé tridentina"), o *Catechismus* representou o principal elemento de implementação da confessionalização católica.

Se as ênfases do Concílio que discutimos mais acima sinalizam Trento como parte do esforço contrarreformista da Igreja, tendo em vista a preocupação de reagir às interpretações dos protestantes, essas reformas administrativas que acabamos de relacionar não se ocuparam meramente de "administração": ao procurar corrigir os defeitos observados na Igreja ao longo de séculos, essa ação vinculou-se a antigas expectativas por renovação da vida católica. Em outras palavras, vinculou-se àquilo que chamamos mais apropriadamente de "reforma". No Concílio de Trento, portanto, reforma e contrarreforma se apresentam, a primeira como resposta aos anseios do povo e do clero católicos, a segunda como reação às ações e decisões dos protestantes. Não é difícil perceber como numerosas iniciativas católicas, em termos de propostas de "vivência espiritual", de "cura de almas" e de esforços missionários, surgiram nos séculos XVII e XVIII como expressão dessa perspectiva reformadora. Ao mesmo tempo, a mentalidade de "cidade sitiada" que passou a caracterizar a Igreja Católica, sempre preocupada em reagir ao que poderia surgir de novo e ameaçador, e que se mostrará presente de forma muito clara no catolicismo do século XIX, é uma herança dessa dimensão de contrarreforma. Na complexa história dos séculos que se seguiram ao Concílio, ambas as heranças de Trento, a reformista e a contrarreformista, seriam invocadas por diferentes grupos, em diferentes contextos. Ambas fizeram – e fazem – parte da Igreja Católica de tradição latina.

A CONTRARREFORMA

Foi mérito do historiador alemão Hubert Jedin (1900-1980) nos fazer enxergar que "reforma" e "contrarreforma" encontram-se presentes no catolicismo do século XVI, com o primeiro termo significando a atitude reflexiva da Igreja, pela qual ela se examina e busca sua própria renovação, e com o segundo a indicar a autoafirmação da Igreja em sua luta contra o protestantismo. Expectativas e tentativas de reforma, no âmbito da Igreja Católica, eram mais antigas do que Lutero e os movimentos que se originaram depois dele. No entanto, como Jedin sublinha com vigor, no século XVI os anseios católicos por reforma foram condicionados pelos movimentos protestantes: em termos positivos, porque esses movimentos tiveram o condão de acelerar as reformas católicas; e negativamente, porque levaram o lado católico a um enrijecimento de posições, sobretudo em termos doutrinários.

Cabe-nos refletir sobre esse endurecimento de posições e seus desdobramentos na vivência prática da Igreja Católica. Em outras palavras, vamos considerar com mais atenção algumas implicações importantes dessa *contrarreforma* católica.

Em vários momentos, é difícil separar o que foram as motivações e ações reformadoras e o que foi essa atuação contrarreformista. Essa dificuldade fica evidente quando consideramos as reformas diocesanas implementadas após o Concílio de Trento. Houve reformas diocesanas antes do Concílio, como no caso do arcebispo de Toledo, Francisco Jiménez de Cisneros (1436-1517). Gian Matteo Giberti, que foi integrante da Comissão nomeada por Paulo III para preparar a discussão conciliar, também implementou reformas em sua diocese já na década de 1520. O modelo de Giberti, bastante centrado nas visitas episcopais às diferentes regiões da diocese, foi seguido, após Trento, por Carlos Borromeu (1538-1584).

Como arcebispo de Milão, Borromeu procurou dar concretude às normas definidas pelo Concílio. Nesse sentido, foi o primeiro bispo a efetivar a criação de seminários em sua diocese e a manter o clero sob estrito controle, através da convocação periódica de sínodos (ao todo, 17 durante seu episcopado).

Tais medidas ecoavam as ambições reformadoras e partiam de uma busca pela renovação da Igreja naquilo que ela deveria ter de mais básico, a vivência de sua fé. Esse interesse reformador fica evidente em Carlos Borromeu quando nos lembramos de que ele, além de administrador que reorganizou sua diocese a partir das diretrizes de Trento, foi também o fundador de uma nova ordem para padres diocesanos, a Congregação dos Oblatos de Santo Ambrósio (1578). O nome deriva do conceito de *oblação* ou "oferta sacrificial": no caso da Congregação, o oferecimento do próprio padre a Deus e, em seguida, ao seu bispo, em sujeição e obediência, para a realização da obra de Deus. Essa ideia do "oferecimento da vida a Deus" coloca o anseio por reforma numa perspectiva bastante pessoal, como algo que transita pela vida religiosa do indivíduo e não lida apenas com organização institucional. É uma expressão da *religio cordis* ("religião do coração"), que tem uma longa história na tradição católica, incluindo figuras como Mechthild de Magdeburgo (1207-1282), Gertrudes de Helfta (1256-1302) e Catarina de Siena (1347-1380), mas que também pode ser encontrada nas expressões protestantes: o selo pessoal de João Calvino (1509-1564), por exemplo, era uma mão humana estendendo a Deus um coração em chamas.

O aspecto contrarreformista aparece no fato de que essas medidas reformadoras foram implementadas sempre com um olhar voltado para os movimentos protestantes, aos quais era preciso reagir. Essa preocupação introduziu um matiz apologético e polêmico nas iniciativas católicas de reforma. Urgia contrapor, às propostas dos grupos dissidentes, reformas "autenticamente católicas" e, ao mesmo tempo, sublinhar a autonomia católica nessas iniciativas, eliminando qualquer impressão de "simpatia" pelos protestantes.

Isso fica claro na questão das cerimônias católicas, em especial no caso da missa. Trento havia reafirmado o caráter sacrificial da missa, implícito na teologia eucarística católica e negado pelas expressões protestantes de reforma: na missa, o celebrante reproduz, pelo oferecimento da hóstia consagrada, o sacrifício do Filho de Deus realizado no Calvário. Em essência, a liturgia católica da missa continuava, após Trento, a mesma dos séculos anteriores, mas um reformador como Borromeu cuidou de revestir a cerimônia com o máximo possível de solenidade e dignidade. Enquanto para reformados como Zwinglio e Calvino era necessário que o culto fosse o mais simples possível, dado seu caráter espiritual, para a Igreja pós-tridentina era preciso adorná-lo ao máximo, já que de acordo com a teologia católica o próprio Cristo era ali, novamente, imolado. Vestes e paramentos do celebrante e de seus acólitos foram enriquecidos, o emprego de imagens, na forma de estátuas e painéis, recebeu um reforço todo especial, com a consciência, nitidamente contrarreformista, de que tudo isso salientava as riquezas da fé católica contra uma fé depauperada pelos "hereges".

Para Borromeu, era preciso disciplinar não apenas o clero, pela via dos seminários, dos sínodos e das visitas episcopais. Também o culto deveria ser bem ordenado, com suas partes bem delimitadas e relacionando-se harmonicamente. Essa preocupação com a disciplina, também ela nascida dos anseios reformistas, tornou-se uma das características mais evidentes da Contrarreforma católica. Através de um clero disciplinado, o bispo teria condições de estender aos leigos esse controle e acompanhamento que garantiriam a pureza da fé numa diocese. Daí o zelo com que, na Milão de Borromeu e, depois, nas outras dioceses onde as diretivas de Trento foram implementadas, valorizava-se o ensino sistemático das afirmações de fé consideradas essenciais para um católico.

O disciplinamento da sociedade sob o controle de seus mestres religiosos não foi prerrogativa do catolicismo tridentino. Esse fenômeno, bastante investigado pela historiografia nas últimas décadas, também teve suas expressões protestantes, através da ação dos consistórios reformados, com sua intensa preocupação em informar-se sobre o comportamento dos fiéis, através das visitas de supervisão religiosa ordenadas pelos príncipes nos territórios luteranos ou mesmo através da rígida adequação comportamental esperada dos crentes no interior das comunidades anabatistas. O disciplinamento iria tornar-se, efetivamente, um característico fundamental das sociedades europeias a partir de fins do século XVI, assumindo formas que correspondiam à ortodoxia religiosa vigente em cada região. Em regiões calvinistas, o hábito de dar apenas nomes bíblicos aos filhos (e, em especial, nomes de figuras do Antigo Testamento) tornou-se frequente, com rejeição total dos nomes de santos que não constassem das Escrituras. Em territórios católicos, por sua vez, dar ao filho recém-nascido o nome do santo do dia, ou uma versão desse nome adequada ao gênero da criança, tornou-se costume tácito a indicar a pureza da fé católica de uma família. Em todos os lados da disputa confessional, havia grande preocupação com a ortodoxia daqueles que, no plano secular, ocupavam funções consideradas estratégicas: magistrados, mestres-escola e parteiras viviam sob intenso escrutínio, estas últimas em razão de que, dada a autorização de que gozavam para batizar recém-nascidos em situações extremas, temia-se que uma parteira cripto-luterana, ou cripto-católica, ministrasse ao bebê agonizante um batismo herético ou apóstata.

A preocupação com a disciplina ajuda-nos a compreender outras facetas importantes da contrarreforma católica. O final do século XVI e as primeiras décadas do século XVII viram emergir uma grande permeabilidade entre a devoção religiosa e as configurações do cenário político. Isso já foi interpretado de forma apressada pela historiografia como sinal da "instrumentalização" da religião pelo poder político. Mas precisamos ter em mente que o específico daquele período residia numa relação ímpar com a religião. Falar em "instrumentalização" da religião pode fazer sentido para quem vive numa sociedade que não tem no dado religioso o seu critério fundamental de compreensão do mundo. No âmbito dos séculos XVI e XVII, contudo, estamos diante de sociedades em que, do camponês ao rei, os símbolos religiosos eram cridos e venerados.

Assim, no ducado da Baviera a devoção mariana recebeu forte incentivo do duque, a tal ponto que, escrevendo em 1615, o jesuíta Matthäus Rader afirmava em sua obra *Bavaria Sancta* ("Baviera Sagrada"): "cidades, aldeias, mercados, distritos, vilas, campos, florestas, montanhas e vales respiram e exibem a antiga religião na Baviera. [...] pois o país inteiro nada é senão religião, como se fosse um único templo comum a todo o povo". No *Espelho miraculoso dos divinos milagres do Antigo e Novo Testamentos*, publicado em 1678, Benignus Kyhler, também jesuíta, salienta como os santuários marianos correspondiam, no ducado, aos próprios marcos referenciais do território. Em função de sua fidelidade à fé católica, a Baviera é apresentada por Kyhler como "terra santa" da Europa, governada por Nossa Senhora, a "celestial duquesa".

Podemos falar aqui de um "uso instrumentalizado" da religião por parte do poder civil? É óbvio que a solução foi confortável para os que controlavam a autoridade secular. A disciplina confessional facilitava a homogeneização dos súditos, ao mesmo tempo em que permitia a extensão de importantes controles sociais, por exemplo, ao limitar a permanência ou mesmo a passagem dos súditos por regiões controladas por confissões "hereges". A sociedade da Baviera, estritamente disciplinada, acatou a devoção mariana como critério identificador de sua própria personalidade cívica; mas isso aconteceu num contexto onde a devoção religiosa tinha papel prioritário e onde o controle de mentes e corações a partir da religião incluía a fé não só dos cidadãos controlados, mas também daqueles que os controlavam.

Um cenário de altíssima homogeneização, como esse sugerido pelos propagandistas da devoção mariana na Baviera, deve ser alvo de suspeitas. A realidade certamente se apresentava mais marcada por contradições do que Rader e Kyhler gostariam de admitir. De outra forma, uma instituição como a Inquisição não teria encontrado espaço para se desenvolver. As Inquisições – é mais adequado tratá-las no plural, já que nunca compuseram um organismo unificado – encarregavam-se principalmente das diferenças e dos elementos de contradição daqueles que destoavam da homogeneidade pretendida.

A história dos mecanismos inquisitoriais é mais antiga do que o problema das reformas religiosas. Mesmo aquelas que se convencionou chamar de "Inquisições modernas", as quais operaram no período de que nos ocupamos, nem sempre tiveram seus inícios diretamente ligados ao problema suscitado pelas dissidências protestantes. Assim, a Inquisição hispânica foi autorizada pelo papa Sisto IV (1414-1484) em 1478, a pedido dos Reis Católicos, Fernando e Isabel. A principal motivação da monarquia hispânica era lidar com a suspeita de que muitos judeus convertidos ao cristianismo continuavam na prática secreta de sua antiga religião. No século XVI, contudo, a Inquisição hispânica se viu ocupada, também, com a investigação de suspeitos de práticas místicas heterodoxas (os "iluminados" ou "*alumbrados*") e, desde a década de 1520, com os acusados de luteranismo.

A Inquisição portuguesa teve início semelhante ao espanhol, embora mais tardio. Foi apenas em 1536 que Roma autorizou o rei de Portugal, D. João III, a instalá-la. Sua preocupação central também se relacionava com os "cristãos-novos", os conversos do judaísmo que, suspeitava-se, ainda permaneciam ligados à fé e aos costumes ancestrais. Mas a Inquisição portuguesa, assim como sua congênere hispânica, também passou a perseguir os suspeitos de adesão a quaisquer expressões de dissidência religiosa, bem como a se ocupar das acusações de feitiçaria e práticas mágicas e da correção de falhas morais, como os crimes de sodomia e de solicitação (a busca de favores sexuais por padres junto aos fiéis).

Tanto em Portugal como na Espanha e nos domínios ultramarinos de ambos os reinos, as Inquisições foram de crucial importância para sufocar quaisquer tentativas de estabelecimento das matrizes protestantes de reforma. Portugal foi mais impermeável a essas tentativas, que se mostraram mais arrojadas no reino hispânico em função, provavelmente, de uma abertura prévia e mais intensa ao humanismo erasmiano. A eficácia da Inquisição espanhola, contudo, garantiu que esses simpatizantes do protestantismo fossem silenciados ou obrigados ao exílio. Juan de Valdés (1509-1541) foi um deles: antigo estudante da Universidade de Alcalá, erasmiano, foi denunciado à Inquisição logo depois da publicação de seu primeiro livro, *Dialogo de doctrina christiana* (1529). Valdés fugiu para a Itália, onde entrou em contato com numerosos clérigos e leigos que, posteriormente, seriam acusados de luteranismo. Nunca se tornou abertamente protestante, mas suas ideias situavam-se a meio caminho entre o chamado "evangelismo" dos *spirituali* e o luteranismo.

Organizada em 1542, a Inquisição romana nasceu orientada pela preocupação antiprotestante. Ela viria, como as demais, a se ocupar de outros delitos, mas sua origem estava especialmente ligada ao combate da dissidência religiosa, sendo a principal responsável por sufocar simpatias protestantes que vicejavam desde os anos 1520. Entre os nomes dos perseguidos por ela estão o de Bernardino Ochino (1487-1564), antigo frade franciscano convocado pela Inquisição romana logo no início de suas operações e obrigado a fugir para Genebra, e o de Pietro Martire Vermigli (1499-1562), agostiniano que, após fugir de Lucca em 1542, colaborou por alguns anos com a reforma inglesa (juntamente com Ochino) no tempo de Cranmer e de Eduardo VI até terminar seus dias como pastor e erudito em Zurique.

Os exemplos acima, que possuíam conexões entre si, com Juan de Valdés e com *spirituali* como o cardeal Contarini, sinalizam a difusão acelerada das ideias protestantes, ou ao menos simpáticas para com os protestantes, nos meios eruditos italianos. A Inquisição romana, contudo, foi severa em sua supressão, obrigando esses potenciais líderes de uma reforma na península a emigrarem. A Companhia de Jesus, por sua vez, solidificou o trabalho feito pela Inquisição romana através do seu compromisso estrito com uma educação e catequese católicas.

Um aspecto final merece ser considerado, antes de encerrarmos este exame das reformas católicas e da atividade contrarreformista. Durante muito tempo as reformas católicas foram tratadas pelos estudiosos apenas em termos dos decretos conciliares; e, como seria óbvio para quem mirava a partir dessa perspectiva, as iniciativas de reforma eram consideradas como provenientes das elites letradas, elaboradoras desses documentos. Nas últimas décadas, contudo, diversas pesquisas começaram a apontar, nos esforços católicos de reforma, a presença de demandas populares. Basta lembrar como a população na sé episcopal de Toledo apoiou as reformas monásticas e diocesanas introduzidas por Cisneros. Compreende-se a boa vontade da população a partir da simpatia que o povo dedicava, de longa data, aos segmentos "observantes" das ordens monásticas, mais rigorosos em sua prática religiosa. Podemos concluir, portanto, que, assim como o desinteresse do clero por suas atividades pastorais incomodava a população, gerando críticas frequentes, de igual modo as ênfases em reforma, ainda quando matizadas pela dimensão contrarreformista, dialogavam com os desejos e anseios populares.

Ligada à questão do apoio popular está a consideração das resistências e negociações impostas pelo povo às iniciativas de reforma. No sul da Itália, os jesuítas, envolvidos no combate às "superstições" locais como item importante da agenda tridentina, tiveram que chegar a fórmulas de compromisso com as populações, que resistiam a abrir mão de práticas tradicionais: desde crenças associadas a curas e produção de efeitos sobre a natureza até costumes pouco canônicos relacionados às devoções aos santos ou à Eucaristia. A alternativa encontrada pelos jesuítas foi endossar, com vistas ao fortalecimento da fé, o uso de objetos como água-benta, crucifixos e outros artefatos consagrados pelos padres, mas que não possuíam estatuto de sacramento. Nesse sentido, o *rosário*, cuja devoção foi estabelecida no tardo-medievo como um auxílio para meditação individual sobre os sofrimentos de Cristo e da Virgem, transformou-se em artefato capaz, por si, de realizar prodígios.

No bispado de Speyer (sudoeste dos territórios germânicos), alguns aspectos da reforma tridentina foram aceitos pelas populações, como a ênfase na residência local dos clérigos e no celibato dos padres, enquanto outros encontraram resistência, como as tentativas de coibir certas formas de devoção popular. De acordo com pesquisas recentes, a reforma católica em Speyer foi prioritariamente feita a partir das camadas populares, o que não significa que não houve instâncias de negociação com os diferentes níveis de poder. Em suma, a investigação historiográfica tem percebido que, sem prejuízo do papel representado por Trento e pelas elites, a identidade confessional católica também foi renovada em atenção a influxos oriundos das necessidades e crenças do povo comum.

As reformas religiosas do século XVI, entre antigo e moderno

É compreensível que um tema como o das reformas religiosas no século XVI, mobilizador de tantas interpretações ao longo dos séculos, tenha recebido algumas explicações bastante naturalizadas, tidas quase que na condição de certezas inatacáveis. A ideia de que a "reforma" teria sido uma iniciativa protestante, cabendo à Igreja Católica apenas a ação "contrarreformista", é uma delas. A figura de Lutero como "baluarte da modernidade" é outra. Os supostos papéis que esses movimentos de reforma teriam tido na consolidação do "Estado moderno" e na criação do próprio capitalismo contam-se, também, entre essas construções longevas. A seguir, examinamos e discutimos criticamente algumas dessas ideias.

O PROBLEMA DOS *RÓTULOS*

No século XVI, o termo "*reforma*" indicava o ideal de renovação da fé cristã, o anseio pela recuperação de uma pureza outrora existente nessa fé. A esse termo, e ao fenômeno histórico atrelado a ele, outros sentidos foram dados, posteriormente, e é oportuno atentar para eles.

Lutero não pretendia separar-se de Roma ao propor suas *Teses* em 31 de outubro de 1517. No entanto, esse foi o resultado quase imediato. A partir de Lutero, outros, em diferentes regiões da Europa, passaram a levantar questões sobre a compreensão tradicional da fé cristã que levaram a novos rompimentos. O resultado foi o estilhaçamento da Cristandade ocidental em grupos religiosos diversos, todos ligados a uma herança cristã comum, mas que se excluíam mutuamente nos modos de interpretar essa herança.

Antes de Lutero, a Cristandade foi atravessada por numerosas controvérsias que, não raro, levaram a cisões. Mas é inegável que a ruptura religiosa no Ocidente a partir do século XVI teve um impacto inédito. Quando se efetivou o rompimento de Lutero, logo ecoado por outras rupturas, era difícil para a sociedade cristã não ver nisso as dores lancinantes do fim do mundo. Eis porque símbolos escatológicos, como a figura do "Anticristo", esse ser que, segundo as profecias bíblicas, deveria se manifestar para combater a Igreja na etapa final da história, abundam nas leituras historiográficas que o fenômeno recebeu ainda no século XVI, variando apenas o sujeito (se Lutero ou, ao contrário, o papa) sobre o qual o rótulo era imposto. Consideremos duas dessas leituras.

Entre 1564 e 1574, Matthias Flacius Illyricus (1520-1575), um erudito germânico alinhado com o movimento de Martinho Lutero, coordenou na cidade de Magdeburgo um colossal empreendimento literário. Trabalhando sob sua supervisão direta, dezenas de pesquisadores reuniram materiais históricos e deram forma às famosas *Centúrias de Magdeburgo*. Trata-se de uma tentativa de relatar a história da Igreja cristã, século a século (daí o nome "*centúrias*"), a partir de uma chave interpretativa que via o movimento iniciado por Martinho Lutero como o grande instante de recuperação (*reformatio*, *renovatio*) dessa Igreja. De acordo com as *Centúrias*, a Igreja cristã experimentara sua pureza original ao longo dos seis primeiros séculos; num segundo momento, seu declínio se intensificara até atingir, às vésperas da eclosão do protesto de Lutero, seu pior momento, marcado por confusão doutrinária e pelos excessos cometidos pela hierarquia eclesiástica romana. Finalmente, com Lutero deu-se, pela graça divina, a recuperação, com o retorno da pregação da justificação exclusivamente pela fé e não pelas obras meritórias.

O instante de Lutero, momento da plena claridade matinal, fora preparado por ações prévias, coordenadas pela providência divina: a busca humanista dos Antigos tanto pelas fontes literárias do passado como pelas "fontes da fé", a redescoberta da língua grega pelo Ocidente, a invenção da imprensa. Esses fatores eram vistos como os primeiros raios de um dia prestes a amanhecer. Ao mesmo tempo, personagens que experimentaram, nos séculos anteriores, problemas com a estrutura eclesiástica romana foram entendidos como "precursores", arautos do glorioso amanhecer que estava por vir: com destaque para John Wycliffe (c. 1328-1384), inglês, e Jan Huss (1369-1415), tcheco.

Segundo essa leitura, enquanto do lado da reforma se postavam as forças alinhadas pela providência divina, no papado, que Lutero igualava ao Anticristo, arregimentavam-se todas as forças *contrárias* à reforma. Podemos perceber como, a partir desse desenho, formaram-se, não exatamente os termos, mas as *noções* de "pré-reforma", "reforma" e "contrarreforma"; e formaram-se a partir de uma leitura tipicamente protestante. Preparada por "precursores", a "reforma" só poderia ser entendida em chave luterana; por seu lado, a "contrarreforma" era uma iniciativa católica.

Vamos encontrar um reflexo invertido desse quadro na maior obra surgida no século XVI no campo da historiografia católica, os volumosos *Anais eclesiásticos* publicados entre 1588 e 1607 pelo cardeal Cesare Baronius (1538-1607). Na síntese preparada por esse erudito, encontramos a preocupação de refutar as *Centúrias* pela invocação da chave oposta. Nunca houve declínio na Igreja; ao contrário, ao longo dos séculos a Igreja experimentou a constante ampliação, pela ação do Espírito Santo, daquele tesouro que Jesus havia confiado ao apóstolo Pedro. Assim, o fato de que determinadas cerimônias e compreensões teológicas eram (como alegavam os protestantes) inexistentes nos primeiros séculos, tendo surgido posteriormente, não deveria inquietar o fiel. Todas as doutrinas e instituições católicas estavam contidas naquele tesouro inicial, como a árvore está contida na semente; e foram desenvolvidas ao longo da história segundo a economia divina, ou seja, segundo a maneira providente pela qual Deus administra a história. Esse patrimônio da fé recebeu formulação definitiva no grandioso Concílio de Trento (1545-1563), destinado por Deus a sepultar a heresia luterana. Mas Trento nada acrescentou de novo à fé; o Concílio apenas esclareceu aquilo que já fazia parte dela desde o início.

Essas duas perspectivas governaram os modos pelos quais os séculos XVII e XVIII entenderam as reformas religiosas quinhentistas. Um exame dos principais manuais de História empregados nesses dois séculos nos territórios protestantes indica-nos o predomínio da interpretação trazida pelas *Centúrias*. O mesmo, em relação à obra de Baronius, pode ser dito dos textos escolares utilizados nos territórios católicos.

No século XIX, ao mesmo tempo que a historiografia católica continuava a repisar os temas dos *Anais eclesiásticos*, algo diferente ocorreu a partir de uma historiografia afinada com posturas liberais. Reagindo ao catolicismo, que viam como contrarrevolucionário, os historiadores ligados a essa perspectiva reproduziram, sem cores confessionais, a mesma leitura-padrão proposta pela historiografia protestante do século XVI. Herdeiros das Ilustrações do século anterior, eliminaram a ênfase providencialista, que enxergava a ação divina nos mecanismos da história. Mantiveram, contudo, a mesma chave binária, que consignava os anseios por "reforma" ao campo protestante e atribuía o lado negativo, as preocupações "contrarreformistas", ao partido católico. Para historiadores como Jules Michelet (1798-1874) e Edgar Quinet (1803-1875), da reforma protestante provinham os impulsos modernizadores responsáveis pelo rompimento das estruturas do Antigo Regime. Já a ação católica representava, com sua "contrarreforma", tão somente um movimento conservador e tradicionalista.

Como liberais, o que atraía Michelet e Quinet no modelo protestante era seu anticatolicismo. Já uma historiografia oitocentista especificamente protestante, como é o caso da obra de Leopold von Ranke (1795-1886), acrescentou ao quadro uma nova e importante contribuição. Não apenas manteve a leitura binária, que atribuía inovação, progresso e liberdade ao campo protestante, contra um catolicismo conservador, reacionário e inimigo da livre investigação; Ranke foi além e dissertou sobre o papel fundamental que a Reforma (já era praxe grafá-la assim, com maiúscula e sem qualificativos; quem lia "Reforma" já entendia, tratava-se da Reforma *protestante*) teve na consolidação dos Estados nacionais. Contra o poder "supranacional" representado pelo catolicismo romano, a Reforma protestante teria sido importantíssima para que os Estados europeus estabelecessem de modo consistente a soberania sobre seus territórios. Ranke era um defensor da monarquia prussiana e via, nessa atitude, a continuação coerente do trabalho iniciado pelos reformadores do século XVI. Para ele, a Reforma, com sua ousadia e a enormes custos, teria garantido a existência de Estados independentes, livres do perigoso universalismo pretendido pelo papado e cooperando para preservar o delicado equilíbrio de poderes no continente europeu.

A interpretação de Ranke foi criticada pela historiografia do século XX, que sublinhou seu caráter anacrônico ao identificar, no século XVI germânico, motivos e expectativas "nacionais" ainda inexistentes. Havia, sem dúvida, no contexto quinhentista, um sentimento de "germanidade" que se incomodava com as ingerências da Sé romana em seus territórios. O mesmo, com cores distintas, poderia ser dito da tendência da Coroa francesa quanto a afirmar, diante do papa, sua autoridade no que tange à nomeação de bispos. Mas a distância entre esses sentimentos e a ideia de nacionalidade, típica do século XIX, é muito grande. Tão grave quanto esse equívoco, porém, é o caráter teleológico dessa leitura, acusação que pode ser feita, também, à maneira pela qual os liberais interpretaram o fenômeno. Denunciamos como "teleologia", em História, aquelas interpretações que valorizam um fenômeno histórico em função daquilo que, pretensamente, ele vai provocar no futuro (em grego, *télos*, *téleios* significam "fim", "finalidade"). Assim, para os liberais, os movimentos de reforma interessavam apenas enquanto preparadores e encaminhadores da democracia burguesa, cujo grande alvorecer, por sua vez, estava não na Wittenberg de Lutero, mas na Paris da Revolução Francesa. Para Ranke, luterano ardoroso, subsistia um interesse religioso pelo movimento reformador; mas, ao sublinhar o papel desses movimentos do século XVI na configuração do Estado territorial moderno, ele reproduziu a mesma perspectiva teleológica.

Para a historiografia do século XX, um acontecimento histórico deve ser compreendido a partir de si mesmo e não de quaisquer resultados que ele possa ter ajudado a gerar no futuro. A nota teleológica adultera a compreensão do fenômeno, ao introduzir elementos estranhos à consciência de seus protagonistas. Essa cautela, muito típica das preocupações que caracterizaram as renovações historiográficas do século XX, está na raiz de importantes mudanças na maneira de encarar os movimentos de reforma religiosa do século XVI.

Para Marcel Bataillon (1895-1977), era fundamental abandonar a concepção binária, que atribuía expectativas reformadoras apenas ao segmento protestante e via no catolicismo tão somente uma reação conservadora. Segundo Bataillon, ao se fazer da ideia de "reforma" um sinônimo anacrônico de "protestantismo", perdia-se de vista o fato de que os anseios por reforma religiosa surgiram no próprio seio do catolicismo muito antes de Lutero. A partir dos trabalhos de Bataillon, o tratamento polar, que vinculava ao catolicismo apenas o lado negativo de "reação" (como *contra*rreforma) a toda iniciativa de reforma, foi substituído pelo reconhecimento da existência de fermentos de renovação no interior da Igreja Católica.

Marcel Bataillon publicou seu grande trabalho, o livro *Erasmo e a Espanha*, em 1937. Na década seguinte, um historiador alemão e padre católico, Hubert Jedin (1900-1980), encontrava-se refugiado no Vaticano enquanto a grande guerra se desenrolava. Findo o conflito, Jedin publicou um trabalho provocador: *Reforma católica ou contrarreforma?* (1946). A pergunta constante do título já indicava a preocupação de Jedin em cooperar com a reflexão historiográfica em torno dessa questão, num diálogo estreito com a proposta feita por Bataillon. O erudito francês prestara um grande serviço ao sublinhar o fato de que os anseios por reforma não poderiam ser agrupados apenas no lado protestante do terreno; havia que reconhecê-los, também, no campo católico. Mas a percepção de Jedin foi mais sutil.

Nesse trabalho, Jedin defendeu a necessidade de falar tanto de "reforma" quanto de "contrarreforma" no interior do catolicismo. A primeira seria a expressão da atitude reflexiva da Igreja, voltada sobre si mesma e tendo como ponto de partida esse ideal de renovação da vida católica que, como Bataillon já observara, era muito anterior ao movimento protestante. Já a noção de "contrarreforma" diria respeito à autoafirmação da Igreja Católica em sua luta contra o protestantismo. Para Jedin, o surgimento dos movimentos protestantes acabou por condicionar esse ideal católico de reforma tanto em sentido positivo quanto negativo. Em termos positivos, o impulso protestante permitiu a aceleração do processo de reforma no interior da Igreja Católica ao impingir a ele um senso de urgência. Em termos negativos, o desafio de reagir a esses movimentos, sobretudo à medida que os blocos protestantes consolidavam suas posições doutrinárias, levou ao enrijecimento das posturas católicas.

A análise de Jedin, que alcançou forma definitiva em sua monumental *História do Concílio de Trento* (quatro volumes, 1949-1975), exerceu enorme influência ao estabelecer a necessidade de ambos os termos, "reforma" e "contrarreforma", para a compreensão da realidade experimentada no interior do próprio catolicismo durante as crises religiosas do século XVI. Tornou-se claro que a velha oposição, entre uma Reforma protestante portadora de modernidade e uma Contrarreforma católica constituída em pura reação, era insustentável. Mas era insuficiente, também, uma postura como a de Bataillon, que estabelecia certa reivindicação de prioridade e autonomia para a Reforma católica. As relações teriam sido muito mais complexas do que a historiografia se habituara a imaginar: no interior do mundo católico, Reforma e Contrarreforma se entrecruzavam; a reforma católica só poderia ser completamente entendida a partir das pressões causadas pela nova realidade protestante.

Deve ter ficado claro, a esta altura, que os termos "reforma" e "contrarreforma" foram durante muito tempo usados como rótulos, e isso a partir de uma leitura habituada a reconhecer apenas nos protestantismos o elemento reformador e a atrelar esse elemento a projetos modernizadores. Para compreender o que houve nos movimentos de reforma religiosa do século XVI, tanto em termos de anseios reformadores quanto de ações contrarreformistas, é preciso abandonar esse uso vocabular estreito e rotulador. Juntamente com Jedin, podemos reconhecer que houve "contrarreforma" na atitude católica, mas somente porque, antes e depois de Lutero, "reforma" foi também um anseio e um plano de ação católicos.

O PROBLEMA DO "ESTADO MODERNO"

As reformas do século XVI estariam na origem do "Estado moderno", essa construção que encantou tanto os intelectuais do Ocidente a partir do século XIX? Por muito tempo os historiadores argumentaram que a reforma luterana teria sido ocasião para os principados germânicos consolidarem sua independência em relação ao intrusivo poder do imperador. Como vimos ao tratar de Lutero, a situação não foi bem essa. Os príncipes germânicos já tinham direitos e privilégios longevos, consagrados a partir das dinâmicas organológico-corporativas que constituíam a base da vida política naquela sociedade. Quem se via em situação difícil, obrigado a negociar com diferentes instâncias, navegando o tempo todo por entre os recifes dos privilégios gozados por principados e cidades livres, era o imperador.

Em parte, essa ilusão historiográfica foi alimentada pela ideia de que, a partir do século XVI, as monarquias europeias caminharam triunfantemente na direção de governos "absolutistas". Para quem se encontrava tutelado por essa noção, era fácil imaginar o apoio à reforma luterana como expediente empregado pelos príncipes para facilitar-lhes o acesso a esse domínio absoluto sobre seus súditos. As pesquisas das últimas décadas nos mostraram, contudo, que a realidade esteve longe de ser essa. Na Inglaterra de meados do século XVII, a insistência de Carlos I Stuart (1600-1649) em governar à revelia dos corpos políticos constituídos custou-lhe a cabeça; no movimento executado pelo Parlamento, e sobretudo por sua casa dos Comuns, onde se concentrava a representação mais variegada desses corpos políticos, não temos uma "revolução burguesa" progressista, mas a defesa insistente dos antigos direitos e privilégios que vinham sendo desafiados pelo poder real. Até mesmo na França de Luís XIV (1638-1715), apontada como auge do absolutismo monárquico, o rei e seu Conselho privado precisavam ouvir, e eventualmente acatar, as exigências desses diferentes estamentos e agremiações. No Portugal do século XVII, o historiador António Manuel Hespanha (1945-2019) observou que o poder encontrava-se dividido entre colégios, cabidos, corporações, guildas e concelhias com os quais o rei precisava constantemente negociar. Para os portugueses do Seiscentos, "tão monstruoso como um corpo que se reduzisse à cabeça, seria uma sociedade em que todo o poder estivesse concentrado no soberano" (como escreve Hespanha em *As vésperas do Leviathan*).

Mesmo no interior dos principados germânicos que apoiaram Lutero, e que o fizeram a partir de seus antigos direitos e privilégios, a dinâmica corporativa limitava a atuação do príncipe, em maior ou menor grau. A política se fazia, no contexto do século XVI europeu, a partir de lógicas diferentes daquelas de um "Estado" a cujo conceito nós fomos acostumados, mas que àquela altura ainda não existia.

Todavia, os governantes não teriam se aproveitado das oportunidades oferecidas pelas reformas religiosas? É óbvio que sim, mas com duas ressalvas importantes. A primeira, que já mencionamos no capítulo anterior, é que mesmo para esses governantes a religião nunca era matéria passível de "manipulação". Eles estavam pessoalmente envolvidos nesses assuntos religiosos, já que acreditavam, tanto quanto seus súditos, que sua própria salvação dependia de como lidavam com esses temas. A segunda ressalva é que esse aproveitamento se deu, em grande medida, de forma não intencional. Para nós, que conhecemos o que se passou e lançamos sobre os fenômenos históricos nosso olhar retrospectivo, é fácil identificar as situações que teriam representado "ganhos" para aqueles governantes e imaginar que eles fizeram uso consciente dessas oportunidades. Mas, para quem está vivendo o presente, a percepção do que é ou não é oportuno nem sempre é tão clara; as próprias consequências dos atos e decisões dos agentes históricos escapam a eles. Apoiar Lutero ajudou os principados a centralizar o poder? Esse será o resultado ao final de um longo processo, que se desenvolveu para além do século XVI e respondeu a diversos outros fatores. Mas o fim da história poderia ter sido outro, poderia ter sido o inverso. A história conserva, sempre, uma dimensão imponderável.

LUTERO, BALUARTE DA "MODERNIDADE"?

A atitude de Lutero diante da Dieta de Worms, ao afirmar que era-lhe impossível retratar-se por ter a consciência cativa da Palavra de Deus, seria vista nos séculos seguintes como uma ação precursora: para alguns estudiosos, Lutero teria sido o "primeiro homem moderno" ao levantar-se sozinho contra toda a estrutura do mundo medieval, baseada no consenso, e opor a essa estrutura a sua *consciência*. Daí muitos terem, posteriormente, chegado à conclusão: Lutero, arauto da modernidade, defensor corajoso da liberdade de consciência!

Contudo, nada disso corresponde ao que encontramos no Lutero que compareceu a Worms. A noção de "liberdade de consciência" não existia no tempo de Lutero. Tanto a palavra alemã, *"Gewissen"*, como o termo latino, *"conscientia"*, ambos empregados por ele, estavam ligados à ideia de "conhecimento" (*"Wissen"*, *"scientia"*). Ao afirmar que sua consciência era *cativa* da Palavra de Deus, Lutero estava apenas dizendo que, para ele, o conhecimento da Escritura era claro, simples, e por isso o que ele conhecia, aquilo de que tinha *ciência*, era uma verdade da qual ele não poderia se re-tratar. O que Lutero dizia parece, ao fim e ao cabo, bem pouco "moderno": ele afirmava conhecer a verdade e que, por encontrá-la claramente exposta no texto bíblico, não poderia negá-la!

O mito do Lutero "individualista" (e, por isso, "moderno") também não resiste a um exame mais acurado. É verdade que as sociedades medie-vais eram caracterizadas pelo consenso. E isso nos permite compreender por que, para Lutero, o consenso era tão importante. Os indivíduos do século XVI conheciam muito bem sua "individualidade", mas estavam habituados a viver e a se relacionar a partir de redes. Por isso o pertenci-mento a algum grupo – um cabido catedralício, um colégio, uma guilda de comerciantes, uma corporação de ofício, o corpo docente de uma universidade, um mosteiro – era tão decisivo, funcionando como fator de integração da própria personalidade. Erasmo de Rotterdam nos fornece, nesse particular, um exemplo marcante: passou anos longe do convento agostiniano ao qual estava ligado desde a juventude, esforçou-se por obter dispensa eclesiástica para não ter que usar o hábito fora do convento, vivia a partir da ajuda de homens poderosos e do que conseguia ganhar com seus trabalhos literários, mas nunca se separou de sua ordem. Quando teve, por mais de uma vez, a presença exigida no convento, mobilizou seu poder retórico para convencer os superiores de que era mais útil à ordem (e a Deus) no *saeculum*, no "mundo", do que no claustro. Por que todo esse esforço? Porque ele era parte de uma sociedade que, longe da ideia de indivíduo isolado, em pé contra o mundo, valorizava o pertencimento, a integração em redes de sociabilidade.

Após Worms, ao se encontrar isolado em Wartburg e com os laços cortados com as rotinas monástica e universitária, Lutero registrou que se sentiu perdido. Escreveu numerosas cartas durante esse período, pelo simples fato de que precisava se manter em contato com o mundo. De volta a Wittenberg, cuidou de cultivar, até o fim da vida, uma rede de amigos ao seu redor. Por que os *Tischreden*, os "discursos à mesa", eram tão importantes para ele? Sua esposa criticava-o por "ensinar de graça" os convidados que compareciam à sua casa para a refeição noturna. Mas a conversa à mesa era, para Lutero, uma expressão dessa convivência tão importante para as pessoas de sua época.

Ao aplicarmos ao passado os filtros de nossas sensibilidades contemporâneas, como a valorização do "indivíduo" e da "liberdade de consciência", corremos o risco de falsear os acontecimentos que procuramos compreender. Mas seria possível um exame do passado isento da imposição de filtros como esses? Todos nós carregamos os nossos "pressupostos", como diria o filósofo Hans-Georg Gadamer (1900-2002), e costumamos antepô-los a toda leitura que fazemos: seja a leitura de um livro, de um acontecimento contemporâneo ou de um fenômeno do passado. Isso coloca o caráter necessariamente relativo de toda compreensão que obtemos, sempre mediada pelo sujeito que compreende. Todavia, não se trata de uma camisa de força. Há uma medida de objetividade possível no exame, seja de uma notícia de jornal, seja de um documento do passado: objetividade nunca absoluta, mas mesmo assim alguma objetividade. Sem isso, nossa própria existência no mundo seria impossível. Daí porque é central, para a atividade historiadora, o reconhecimento da alteridade do passado: admitir que seus tons e suas maneiras de pensar não são os nossos. Um Lutero "individualista", arauto da "liberdade de consciência", precursor da "modernidade"? Não. Apenas, como todos nós, um homem inserido em seu próprio tempo.

AS REFORMAS RELIGIOSAS E O CAPITAL

Não foi Max Weber (1864-1920), cuja obra *A ética protestante e o espírito do capitalismo* foi publicada em 1904, quem primeiro imaginou uma vinculação entre protestantismo e progresso. Essa relação já constituía um lugar-comum entre fins do século XIX e inícios do século XX. A tese de Weber nesse ensaio, por outro lado, não pode ser reduzida a uma negação da perspectiva marxista, como se ao nexo causal proposto por Marx (as bases econômicas criam as ideias, ou, em termos marxistas, a "infraestrutura" material dá origem à "superestrutura" ideológica), Weber tivesse apenas operado uma inversão: as ideias como originadoras da base material. Longe da necessidade de escolher entre uma ou outra dessas opções interpretativas, o que Weber afirmava era que ambos os movimentos são possíveis, mas devem servir como hipóteses de investigação e não como conclusões conhecidas já desde o início da pesquisa.

Aplaudida e criticada, a tese de Weber só pode receber aqui uma breve menção. De forma sintética, suas hipóteses são: o protestantismo como incentivador de uma dinâmica empreendedora, a ética protestante como fator de acumulação de capital e o papel desempenhado pela doutrina da eleição. As duas primeiras dão forma à noção weberiana de uma "ascese intramundana" que teria sido característica do protestantismo. Rompida a separação fundamental entre sagrado e profano, com a oficina de trabalho considerada tão santa quanto a capela de orações, com a percepção luterana de que a vocação ("*Beruf*") do cristão podia cumprir-se "no mundo" – e talvez se cumprisse de forma mais efetiva apenas no mundo –, o crente protestante se veria liberado para encarar a vida na terra não mais como mera "passagem", breve, dolorida e angustiosa, numa viagem que mirava a eternidade. Embora esse senso continuasse vivo, como demonstra a mais famosa alegoria protestante, o *Progresso do Peregrino* (1678), do puritano John Bunyan (1628-1688), ainda assim a perspectiva protestante forçaria a colocação de um outro olhar sobre este mundo. A relação, todavia, não seria de mera aceitação deste mundo em detrimento da eternidade. A ideia de "ascese intramundana" depende justamente dessa noção de que o mundo inteiro tornou-se, para o cristão, um mosteiro; e era, portanto, nos tratos da vida familiar (casamento, filhos) e do seu ofício que o cristão deveria viver sua vocação, sempre com modéstia e parcimônia. Assim, a ética decorrente dessa maneira de compreender a relação entre fé cristã e vida cotidiana teria como resultados tanto o incentivo para empreender como a acumulação de capital, livre para ser reinvestido nos negócios e gerar maiores lucros.

Aqui impõem-se alguns esclarecimentos, os quais, de resto, o leitor atento encontrará no próprio Weber. O quadro da "ascese intramundana" que ele pinta corresponde muito bem, não a todo o protestantismo, mas àquilo que ficou conhecido como puritanismo anglo-saxão do século XVII e ao seu congênere, o puritanismo batavo (Weber desconhecia a expressão *Nadere Reformatie* ou "reforma mais íntima", que descreve mais apropriadamente esses grupos no seio do calvinismo holandês); inclui os batistas ingleses e os quacres da segunda metade do século XVII, atinge os metodistas ingleses do século XVIII, mas teria alcançado de forma muito limitada os pietistas luteranos do Setecentos (tão importantes para a formação do próprio metodismo). Não passava pela cabeça de Weber, portanto, consignar a todo o protestantismo, e nem mesmo a todo o calvinismo, esse papel decisivo na configuração daquilo que ele chamou de "espírito do capitalismo". Ele não ignorava que seria difícil forçar os supostos resultados dessa "ascese intramundana" sobre expressões da fé calvinista localizadas num principado germânico como o Palatinado ou na Hungria, com suas dinâmicas econômicas rurais e a existência de um *ethos* muito mais cavalheiresco e nobiliárquico.

Weber não erra quando vê, nas dinâmicas da religiosidade puritana, a "ascese intramundana" e uma propensão inequívoca para o trabalho árduo e regrado, bem como para o viver metódico. É uma imagem puritana, aliás, aquela da oficina do artesão como sendo tão santa quanto a capela. No entanto, quem está habituado aos escritos dos puritanos como fontes históricas reconhece, na abordagem de Weber, alguma seletividade na escolha e manuseio das passagens usadas para corroborar sua tese. Nos puritanos não encontramos apenas a ênfase no trabalho disciplinado e a crença de que os resultados positivos desse trabalho devem ser vistos como bênção de Deus; vamos encontrar também a crítica aos que, mergulhados em seus afazeres, esqueciam-se de Deus e dos valores espirituais. O mesmo Richard Baxter (1615-1691), cujo volumoso *Christian Directory* (1673) serviu de guia para a exposição de Weber, dirigiu-se, na mesma obra, aos seus paroquianos que se mostravam preguiçosos no aprendizado da Sagrada Escritura: "Se ao menos vos dispusésseis a obter o conhecimento de Deus e das realidades celestes, assim como vos dispondes a conhecer as artes de seus negócios, não pouparíeis esforços nem dores para obter esse conhecimento. Todavia, vós pensais que sete anos é pouco para aprender vossa profissão, mas não quereis dedicar um dia, a cada sete, para aprender com diligência as questões relativas à salvação de vossas almas".

É significativo que esse trecho não tenha sido mencionado por Weber. Ao sublinhá-lo, nosso objetivo é sugerir que a aproximação caleidoscópica de afirmações pode produzir o falseamento do fenômeno sob exame. Lutero realmente chegou à compreensão de que o cristão vive sua *Beruf* de forma mais significativa fora do claustro, mas essa compreensão não provocou em toda parte o mesmo entusiasmo por atividades manufatureiras e mercantis, nem a mesma disposição para acumular capital. Por outro lado, essa ideia de uma consagração a Deus que podia ser vivida no *saeculum*, ideia que também atravessa o calvinismo e as formulações que surgiram sob sua influência, pode ser encontrada nesse humanismo erasmiano que permaneceu fundamentalmente católico: uma conexão apontada pelo historiador inglês Hugh Trevor-Roper (1914-2003) e que merece ser considerada.

Os sermões dos pastores calvinistas eram insistentes em assinalar os perigos colocados pelas riquezas. Em seu comentário sobre o livro bíblico do Gênesis, Calvino escreveu: "Aqueles que têm abundância, lembrem-se de que estão rodeados de espinhos e cuidem para que não sejam picados". Mais do que "sinal de eleição", a riqueza era vista como possibilidade concreta de tentação. Na Holanda do século XVII os pregadores calvinistas eram insistentes em mostrar como a riqueza podia ser usada por Deus para evidenciar as motivações idólatras do coração humano; mas um exame atento daquela sociedade nos mostra que as camadas enriquecidas pelo comércio ultramarino eram pouco dispostas a aceitar tais conselhos.

Calvino escreveu várias vezes contra o empréstimo a juros, que ele equivalia à usura. Pierre Viret (1511-1571), amigo e colaborador de Calvino, foi além, ocupando-se, em vários diálogos, dos problemas relacionados a pesos e medidas, câmbio de moedas e retenção de estoques de grãos, sempre numa postura crítica das novas iniciativas comerciais e manufatureiras que, de alguma forma, rompiam com as antigas lógicas corporativas.

Quanto à terceira hipótese, o problema da eleição (ou "predestinação") em sua relação com o desenvolvimento do capitalismo, estamos diante, provavelmente, do ponto em que Weber menos conseguiu compreender o calvinismo. A doutrina da eleição não desempenhou, no sistema calvinista, o papel avassalador que lhe foi atribuído por muitos intérpretes. Prova-o o fato de que ela ocupa um espaço singularmente pequeno na edição definitiva da *Christianae religionis institutio* de Calvino (1559): capítulos XXI a XXIV no Tomo II, Livro III; são 65 páginas na edição brasileira (São Paulo: Editora da Unesp, 2009), contra 101 páginas dos capítulos XI a XVIII do mesmo tomo e livro, para tratar da doutrina da justificação pela fé. A doutrina da eleição ocupou, no pensamento de Calvino, lugar não muito distante daquele que a teologia luterana atribuiu a ela; e isso porque ambos, Lutero e Calvino, foram nesse sentido moldados pelos ensinos de Agostinho e pela leitura que fizeram, em chave agostiniana, dos textos paulinos no Novo Testamento. Provavelmente, foram as disputas surgidas no interior da teologia reformada, a começar pelos questionamentos dos chamados "remonstrantes" neerlandeses de inícios do século XVII, que comunicaram a impressão de que essa doutrina fosse mais central para o pensamento reformado do que efetivamente era.

Weber exagera a importância da doutrina da eleição no calvinismo e o faz, em grande medida, porque reproduz o olhar, bastante negativo, que a erudição dos séculos XVIII e XIX lançou sobre essa doutrina. Há na Ética protestante mais de uma passagem em que Weber, deixando de lado seu próprio preceito de "neutralidade axiológica", se refere à predestinação como doutrina "terrível". Como consequência lógica desse exagero, Weber também maximizou o problema da angústia pretensamente gerada por essa doutrina e para a qual a dedicação ao cumprimento da vocação representaria um lenitivo. Uma vez que os desígnios eletivos divinos são insondáveis, e considerando-se a busca angustiosa dos reformados por uma "certeza da salvação", Weber concluiu que, nesses ambientes, a eleição poderia ser atestada pela operosidade do fiel em suas atividades seculares.

A busca pela certeza da salvação como "angustiosa" também corresponde a uma imagem deformada, muito comum nas críticas dos séculos XVIII e XIX ao calvinismo. Embora haja, em torno da questão, exemplos documentados de angústia pessoal, ela estava longe de ser tão ampla quanto a hipótese de Weber pretende. Por outro lado, a ênfase puritana na experiência religiosa como uma *conversio cordis*, uma "conversão do coração" provocada pela ação do Espírito Santo ao confrontar a mente do homem com a verdade divina, e que resultava na mobilização da sua vontade, levava à concepção de que a totalidade da vida humana, posta sob o controle de Cristo, deveria ser uma vida frutífera. Daí a ênfase na operosidade, tanto na devoção a Deus como no exercício do chamado (vocação) específico de cada um.

Mas, no que respeita ao papel dessa "operosidade" e do próprio êxito material como elementos de segurança quanto à eleição, mais uma vez o caleidoscópio de referências apresentado por Weber nos ilude. Qualquer pregador puritano reconheceria a possibilidade de operosidade sem salvação; nesse particular continuava vigorando a premissa geral protestante de que as obras funcionam como resultado da fé salvadora e não como sua causa. Por outro lado, a possibilidade do êxito material como tentação, e não como sinal de eleição, aparece o tempo todo nos sermões puritanos. Como o próprio Weber admite, para o crente a prosperidade de um ímpio seria apenas o sinal de que Deus o mantinha endurecido no caminho da condenação.

O que surpreende é que Weber tenha deixado de lado, em sua análise, o aspecto mais enfatizado pelos escritores puritanos ao tratarem o tema da "segurança" quanto à salvação individual. Trata-se do testemunho interior do Espírito Santo, doutrina derivada de textos como Romanos 8:16 ("O próprio Espírito testifica com o nosso espírito que somos filhos de Deus"). Nas palavras de Calvino, "o apóstolo Paulo chama ao Espírito que os eleitos de Deus recebem 'espírito de adoção' e selo e fiança de nossa herança; porque Ele confirma e sela no coração deles, *com seu testemunho*, a certeza dessa adoção" (*Christianae religionis institutio*, Tomo II, Livro III, capítulo XXIV; grifo nosso). Sobre essa base doutrinária, os puritanos, com sua verve pastoral, esforçaram-se por demonstrar que a falta de segurança quanto à eleição não era o mesmo que falta de fé; que "alguns daqueles que serão finalmente salvos podem não ter certeza, atualmente, se estão realmente salvos; pois a promessa [...] foi feita à fé autêntica, não à fé poderosa" (Thomas Doolittle [1632?-1707], *Morning Exercises* [1661]). No caminho para o fortalecimento da fé, os puritanos encontravam, sem dúvida, a operosidade; não um lançar-se às atividades para de algum modo garantir, através do "êxito", sua própria salvação, mas uma busca conscienciosa por Deus nas Escrituras Sagradas, na oração e na vida comunitária.

Por que Max Weber deixou de lado esse aspecto em sua análise? O *ethos* religioso do qual Weber era oriundo, o protestantismo alemão liberal de fins do século XIX, definia a religião como *ação*, como práxis moral, e não tanto como sensibilidade religiosa. Weber mencionou suas dificuldades pessoais com formas mais introspectivas e emotivas de cristianismo. Podemos inferir que Weber viu, nos puritanos, exemplos de ação concreta no mundo, algo bastante diferente tanto do misticismo monástico católico quanto do pietismo rejeitado pelo protestantismo liberal. Mas, ao selecionar esse aspecto, Weber deixou na sombra o fato de que a dimensão experimental da fé era um elemento fundamental, tanto para Calvino quanto para os puritanos do século XVII. A *religio cordis* ("religião do coração") dos puritanos não era só ação, mas incluía uma dimensão experimental.

Embora frequentemente mal compreendido, Max Weber tornou-se um interlocutor incontornável quanto às relações entre protestantismo e capitalismo. A conexão entre ética religiosa e avanço do capitalismo foi defendida em 1911 pelo sociólogo Werner Sombart (1863-1941), com o judaísmo sefardita e a ética do Talmude em lugar do protestantismo; na segunda edição de *A ética protestante*, Weber criticou a tese do colega, indicando algumas incompatibilidades do judaísmo e sugerindo que, em seus melhores aspectos, a tese de Sombart trabalhava com os elementos oferecidos pelo próprio Weber.

Em 1926, o historiador R. H. Tawney (1880-1962) publicou *Religião e o surgimento do capitalismo*. Para Tawney, a religião protestante incentivou o surgimento do capitalismo ao remover os controles que a religião medieval mantinha sobre a atividade comercial, principalmente sobre o empréstimo a juros, e ao praticar uma divisão entre comércio e moralidade social. As abordagens de Weber e de Tawney são distintas. A de Weber, sem se preocupar em acusar ou defender o capitalismo enquanto resultado final do processo, vê na reforma protestante um empuxo positivo ao motivar o envolvimento com os assuntos do mundo, enquanto para Tawney, um socialista-cristão com origens anglicanas, a ação protestante aparece sob um viés negativo, como sendo a remoção das travas sem as quais o homem moderno se precipita numa situação em que todos são lobos de todos.

Para o economista Joseph Schumpeter (1883-1950), o capitalismo começou na Itália do século XIV, com as ligações comerciais desenvolvidas pelas principais repúblicas italianas, e deveu pouco, nos séculos seguintes, a qualquer contribuição de uma ética especificamente influenciada pelas ideias protestantes. O historiador francês Fernand Braudel (1902-1985) afirmou que os países norte-europeus que viriam a se tornar protestantes ocuparam o lugar que antes fora dos antigos centros capitalistas do Mediterrâneo; mas em relação a esses centros, esses países do norte nada inventaram, em termos de estratégias comerciais e financeiras. O historiador Hugh Trevor-Roper, por sua vez, mostrou-nos que o desenvolvimento do capitalismo nas regiões mais ao norte da Europa recebeu franco incentivo não da "ética protestante", mas da imigração oriunda daqueles que haviam sido os grandes centros do capitalismo comercial nos dois séculos anteriores às reformas religiosas, sobretudo a Flandres e as grandes cidades comerciais italianas. Para Trevor-Roper, o capitalismo comercial e manufatureiro já havia atingido o seu auge na época dos Fugger, sem depender para isso das reformas religiosas, e o período entre 1520 e 1620 foi escasso em termos da criação de novos processos. O sociólogo Rodney William Stark (1934-2022) argumentou no sentido de que durante o período crítico de seu desenvolvimento econômico, esses centros capitalistas norte-europeus ainda eram católicos. Para Stark, a ideia de que a Europa católica foi sobrepujada em seu desenvolvimento industrial pelas regiões protestantes é um discurso que não corresponde aos fatos.

O historiador Wolfgang Reinhard (1937-), especialista no contexto das reformas católicas, identificou na Companhia de Jesus uma abertura maior à ideia de lucro do que aquela percebida no calvinismo. Os jesuítas gerenciaram, em diferentes partes do mundo, projetos econômicos cujos rendimentos tinham como finalidade sustentar as atividades missionárias; o próprio Weber faz referência, na Ética protestante, à justificativa dos juros feita na "literatura formalista" dos jesuítas. Este exemplo nos permite mensurar as cautelas que devemos ter ao tratar desse assunto. Estariam os jesuítas, e não o calvinismo, na origem do capitalismo? Os jesuítas não pensavam nisso; não era esse o tipo de olhar que dirigiam para suas atividades. Tampouco os calvinistas. Num mundo que se encontrava em acelerado processo de mudança, esses indivíduos continuavam ligados a um modo religioso de compreensão da realidade e era a partir desse prisma que todas as demais questões, mesmo as políticas e econômicas, eram consideradas.

O quadro resultante parece ser claro. O capitalismo se desenvolveu, e certamente foi beneficiado pela "ascese intramundana" dos puritanos e sua plena acolhida ao exercício judicioso, neste mundo, da vocação atribuída por Deus a cada um. A ênfase nas ligações causais, todavia, não pode ignorar que, para os sujeitos históricos, as preocupações eram outras.

O imponderável nos persegue na história; e não saber quais serão os resultados, amanhã, das preocupações que, hoje, nos movem à ação, é sua consequência angustiante.

*

Findo o percurso proposto para este livro, qual o resultado que colhemos? A diversidade religiosa é um fenômeno com o qual convivemos diariamente. Embora a religião, em nosso contexto dito ocidental, tenha deixado de ocupar o lugar central que era o seu nos primeiros séculos da Época Moderna, ela continua como um fator que não pode ser desconsiderado. O historiador, por sua vez, precisa ter cautela e não se deixar seduzir, seja pelo papel de "juiz" do passado (o objetivo do conhecimento historiográfico é compreender, não julgar), seja pela ilusão de que podemos aprender com a História. Os objetivos da atividade historiadora são muito mais modestos. Nem juízes, nem instrutores de moral com base no passado. Se conseguirmos ao menos compreender o papel que a religião desempenhava no século XVI e que fez das reformas religiosas naquele contexto um fenômeno tão decisivo, talvez isso nos ajude a olhar com mais atenção para os indivíduos de nosso próprio tempo e a nos ocuparmos dos valores que lhes são caros.

Sugestões de leitura

BIÉLER, André. *O pensamento econômico e social de Calvino*. São Paulo: Casa Editora Presbiteriana, 1990.

BETHENCOURT, Francisco. *História das Inquisições*: Portugal, Espanha e Itália, Séculos XV-XIX. São Paulo: Companhia das Letras, 2000.

COLLINSON, Patrick. *A Reforma*. Rio de Janeiro: Objetiva, 2006.

DAVIS, Natalie Zemon. *Culturas do povo*: sociedade e cultura no início da França moderna. Rio de Janeiro: Paz e Terra, 1990.

FEBVRE, Lucien. *Martinho Lutero, um destino*. São Paulo: Três Estrelas, 2012.

FEBVRE, Lucien. *O problema da incredulidade no século XVI*: a religião de Rabelais. São Paulo: Companhia das Letras, 2009.

HÖPFL, Harro (org.). *Sobre a autoridade secular*. Edição dos textos "Sobre a autoridade secular", de Martinho Lutero, e "Sobre o governo civil", de João Calvino. São Paulo: WMF Martins Fontes, 2005.

LÉONARD, Émile G. *Histoire générale du protestantisme*. Paris: Presses Universitaires de France, 1961, 3v.

LINDBERG, Carter. *História da Reforma*. Rio de Janeiro: Thomas Nelson Brasil, 2017.

LOWE, Ben. *Commonwealth and the English Reformation*: Protestantism and the Politics of Religious Change in the Gloucester Vale, *1483-1560*. Farnham (UK): Ashgate, 2010.

O'MALLEY, John W. *Os primeiros jesuítas*. São Leopoldo-RS/Bauru-SP: Editora Unisinos/Edusc, 2004.

PRODI, Paolo. *Uma história da justiça*: do pluralismo dos foros ao dualismo moderno entre consciência e direito. São Paulo: Martins Fontes, 2005.

PROSPERI, Adriano. *Tribunais da Consciência*: inquisidores, confessores, missionários. São Paulo: Edusp, 2013.

RODRIGUES, Rui Luis. "Os processos de confessionalização e sua importância para a compreensão da história do Ocidente na primeira modernidade (1530-1650)". *Revista Tempo* v. 23, n. 1, 2017, p. 1-21. Disponível em: http://www.scielo.br/scielo.php?pid=S1413-77042017000100001&script=sci_abstract&tlng=pt. Acesso em: 10 jun. 2024.

ROPER, Lyndal. *Martinho Lutero*: renegado e profeta. Rio de Janeiro: Objetiva, 2020.

TREVOR-ROPER, Hugh R. *Religião, reforma e transformação social*. Lisboa: Presença/Martins Fontes, 1981.

WILLIAMS, George H. *La Reforma Radical*. México: Fondo de Cultura Económica, 1983.

GRÁFICA PAYM
Tel. [11] 4392-3344
paym@graficapaym.com.br